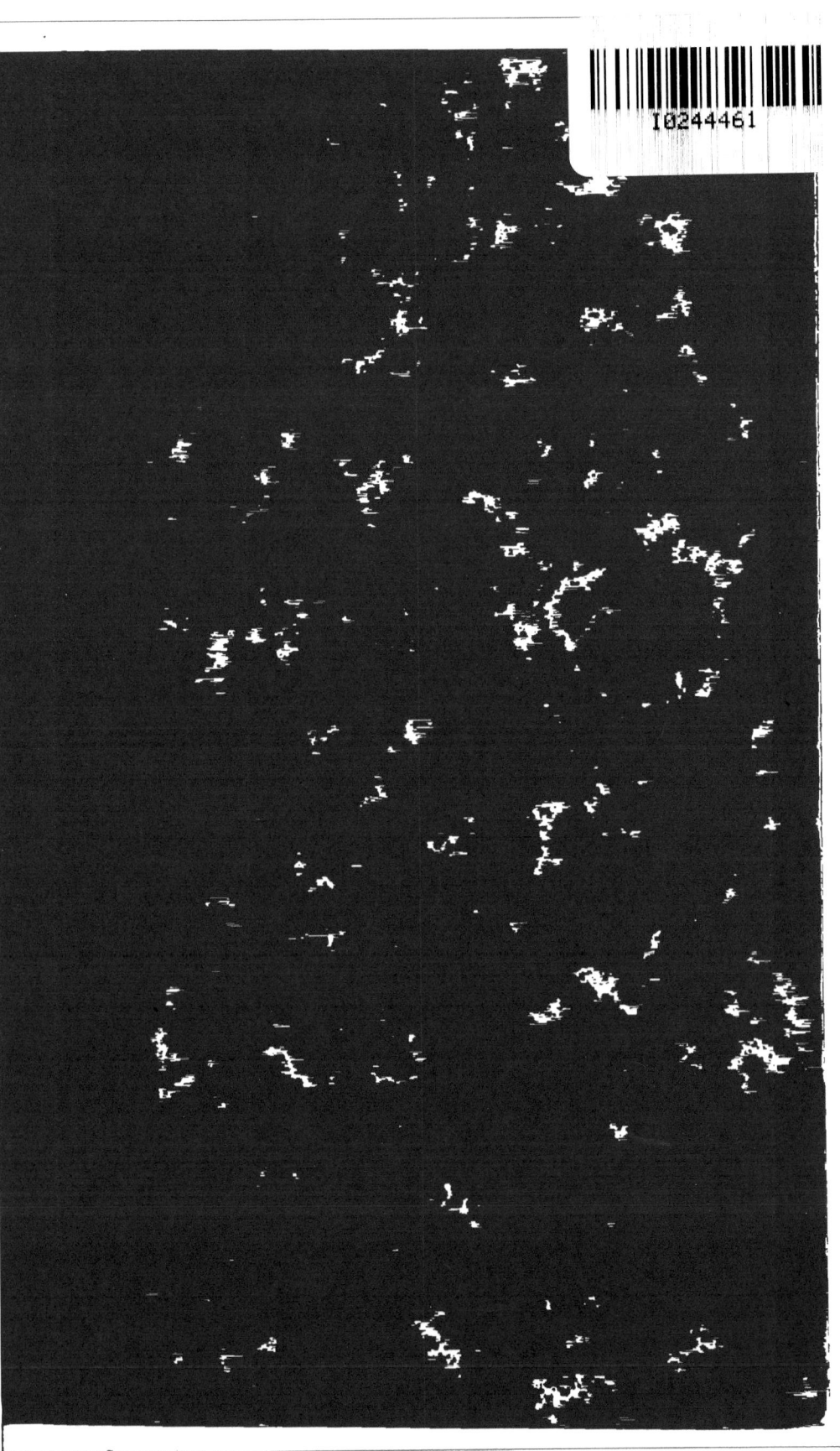

GUIDE

DU VOYAGEUR

A LA

GRANDE-CHARTREUSE

GUIDE
DU VOYAGEUR
A LA
GRANDE-CHARTREUSE

Description pittoresque, Historique, etc.

DES QUATRE ROUTES PRINCIPALES

QUI Y CONDUISENT :

DE LA GARE DE GRENOBLE, PAR LE SAPPEY ;
DE LA GARE DE SAINT-ROBERT, PAR PROVEYSIEUX, LA CHARMETTE, ETC. ;
DE LA GARE DE VOREPPE, PAR S¹-LAURENT DU PONT ET FOURVOIRIE ;
DE LA GARE DE VOIRON, PAR SAINT-ETIENNE DE CROSSEY,
LE GRAND FROU, ETC.

PAR

M. JULES TAULIER,

Ancien chef d'institution de plein exercice.

———⋄◇⋄———

GRENOBLE.
MAISONVILLE et FILS, IMPRIMEURS-LIBRAIRES-ÉDITEURS
rue du Quai, 8.

1860

AVANT-PROPOS.

Chaque année, un nombre considérable d'étrangers vient parcourir notre admirable province du Dauphiné. Les uns y sont attirés par les beautés si renommées de ses montagnes, les autres par les propriétés merveilleuses de ses eaux minérales. Bien peu en repartent sans avoir visité le désert et le couvent de la Grande-Chartreuse. Cette excursion, en effet, est féconde en vives émotions, en impressions qui ne s'effacent jamais. Au sein de ces belles forêts, dans le silence imposant de cette ravissante solitude, on se sent devenir meilleur, on oublie les chagrins et les soucis de la vie du monde et l'on s'en sépare presque toujours avec un sentiment de tristesse et de regret, parce qu'on sait bien qu'au-delà de ce désert si calme et si paisible, on va retrouver toutes les agitations et toutes les déceptions que l'on avait un instant oubliées.

Il y a quelque chose de singulier dans l'impression que ressentent presque tous les hommes sur les hautes montagnes. On y jouit de plus de facilité dans la respiration, de plus de sérénité dans l'esprit. On y éprouve je ne sais quelle volupté tranquille et pleine de charmes. Il semble qu'en s'élevant au-dessus de la demeure des hommes, on y laisse tous les sentiments bas et terrestres. Les passions sont plus modérées, les regrets moins vifs, les souvenirs douloureux moins amers. On dirait qu'à mesure qu'on se rapproche du séjour de la divinité, l'âme contracte quelque chose de son inaltérable pureté. Je ne comprends pas que des bains de l'air salutaire et bienfaisant des montagnes ne soient pas employés plus fréquemment par la médecine, pour calmer les maladies de nerfs ou de vapeurs et les souffrances du cœur qui proviennent de quelque choc terrible.

Jusqu'à présent les ouvrages qui ont été écrits sur la Grande-Chartreuse s'étaient bornés à parler de ce monastère, de ses environs, de l'ordre des Chartreux, et n'avaient ajouté à ces notions historiques que très-peu de détails sur ce qu'offrent de remarquable les divers itinéraires que l'on suit pour s'y rendre. Un Guide, publié il y a quelques années, tout en indiquant les différentes routes qui conduisent au couvent et les distances qui séparent les points principaux de ces routes, ne donne pas de détails sur les lieux que le voyageur traverse. De telle sorte que, faute d'un compagnon versé dans la connaissance des localités et de l'histoire du pays, celui-ci regrette, en passant devant un monument, un pont, une ruine pittoresque, de ne pouvoir les étudier que des yeux et d'en être réduit à s'en séparer sans les connaître autrement. Nous avons essayé de faire mieux.

Depuis trente-cinq ans, vingt-trois fois déjà nous avons visité, et toujours avec un plaisir inexprimable, ce désert, ce monastère, ces montagnes que l'on ne se lasse jamais d'admirer, et chaque fois nous en avons rapporté de douces émotions, de précieux souvenirs. Nous ne pouvons donc trop engager le touriste à consacrer quelques jours à cette excursion. Nous lui recommanderons surtout de ne pas la faire trop légèrement. Beaucoup se contentent de venir au couvent par la route la plus courte, et, une heure après, en repartent précipitamment, contents de pouvoir dire : J'ai été à la Grande-Chartreuse, je l'ai vue. Eh non, vous ne l'avez pas vue! ce n'est pas en une heure, passée souvent à diner, que l'on peut voir ce qu'une journée entière suffirait à peine à visiter. Le parti le plus sage, celui que nous conseillons le plus vivement au voyageur, d'après notre longue expérience, est celui-ci. Il faut partir de Grenoble, ou de Saint-Egrève, ou de Voreppe, ou de Voiron, de grand matin. On arrive à la Chartreuse vers cinq heures de l'après-midi.

On se repose, on dîne. Dans la soirée, on parcourt les alentours du monastère. Le lendemain, au point du jour, on va visiter les chapelles de Sainte-Marie et de Saint-Bruno, à trois quarts d'heure du couvent, dans les bois, puis on monte au Grand-Som. De retour à une heure, on dîne, on visite longuement l'intérieur de la maison qui vaut la peine d'être parcourue avec attention, et l'on passe cette seconde soirée à jouir encore des douces impressions de la solitude, à respirer les vivifiantes émanations des forêts. Le troisième jour, on déjeune, on prend congé des bons religieux et l'on revient par une route différente de celle qu'on a prise pour arriver. C'est ainsi que cette excursion doit se faire. Autrement elle serait incomplète, on manquerait son but, on perdrait son temps et sa peine.

Nous indiquons au voyageur les quatre routes principales qui se développent devant lui. L'une, en partant de la gare de Grenoble, par le Sappey; la seconde, de la gare de Saint-Egrève, par Proveysieux, les prairies de la

Charmette, les bois de Tenaison, le col de la Cochette et les prés de Vallombrée ; la troisième, en partant de la gare de Voreppe, par Saint-Laurent du Pont et Fourvoirie ; la quatrième, enfin, de la gare de Voiron, par les gorges si pittoresques de St-Etienne de Crossey. Nous avons décrit surtout avec plus de détails cette dernière route, si grandiose, si imposante et si peu connue qui conduit de Saint-Laurent du Pont au couvent par le hameau de Berlan, le passage du Frou et St-Pierre d'Entremont. Enfin, dans une notice sur la Grande-Chartreuse, nous avons réuni tout ce qui peut intéresser le voyageur et lui faire connaître la vie de ces hommes si aimés dans notre contrée et si dignes de l'être par les bienfaits qu'ils répandent autour d'eux, par la sainteté de leur vie et l'accueil si plein de cordialité que chacun est assuré d'en recevoir. Nous avons l'espérance que ce petit volume ne sera pas inférieur à ses devanciers, et qu'il obtiendra les suffrages de ses lecteurs.

GUIDE DU VOYAGEUR

A LA

GRANDE - CHARTREUSE.

DE LA GARE DE GRENOBLE A LA GRANDE-CHARTREUSE.

Par la route du Sappey.

La gare de Grenoble est située tout près de l'Isère, sur la commune de Seyssins, à une petite distance de la porte Créqui et au fond d'un vaste et riche bassin compris entre le Drac et l'Isère. Ce bassin fait partie de la vallée du Graisivaudan que nous aurons l'occasion d'admirer, quand nous la verrons, dans toute sa beauté, du haut des coteaux par où passe la route que nous allons décrire.

La plaine du Graisivaudan, proprement dite, ne comprenait d'abord que la partie au fond de laquelle est bâti Grenoble. Plus tard, ce nom a été donné à la longue et admirable vallée qui s'étend, d'un côté, jusqu'à Chapareillan, sur les frontières de la Savoie, et de l'autre, jusqu'à l'entrée des défilés de Voreppe. Sa longueur est de 53 kilomètres, sa largeur varie de 4 à 7. Louis XI l'appelait le plus beau jardin de la France.

En tournant le dos aux bâtiments de la gare, le voyageur peut contempler, à sa droite, les hautes montagnes de Saint-Nizier et du Villard de Lans, d'où viennent ces fromages dont la renommée est répandue partout et qui tirent leur nom du village de Sassenage, que l'on aperçoit au pied des rochers. Ce village est célèbre encore par son torrent du Furon et ses cuves ou galeries souterraines. Ces galeries, creusées dans la montagne par le frottement incessant des eaux qui en sortent, sont curieuses à visiter, mais ne sont pas sans dangers. Il faut un guide, des flambeaux, et le plaisir que l'on peut s'y procurer ne vaut pas le péril auquel on s'expose. Cette localité est très-fréquentée par les peintres, qui y trouvent à chaque pas d'admirables sujets d'études. Un peu plus vers Grenoble, le voyageur distingue sur une éminence la Tour sans Venin, jadis une des sept merveilles du Dauphiné et que l'on croit être le dernier débris d'un temple consacré à saint Veran ou Verin; tout auprès, mais plus bas, le beau château de Beauregard, et au-dessus, fuyant dans le lointain, une longue suite de cimes découpées et tourmentées qui aboutissent au pic élevé de la Moucherolle, au pied duquel il peut remarquer les trois montagnes en forme de pyramides, de Saint-Paul de Varces, du Pont de Claix et de Palanfray.

S'il tourne ses regards vers la gauche, il verra devant lui, de l'autre côté de l'Isère, une montagne élevée, au sommet arrondi, et que l'on nomme le casque de Néron. Au bas de ce rocher est le hameau de la Buisserate, qui fait partie de la commune de St-Martin-le-Vinoux, et non loin duquel le Drac et l'Isère réunissent leurs eaux. Puis, plus près de Grenoble, il apercevra les fortifications de Rabot et de la Bastille, dont les casemates s'élèvent jusque sur la cime des rochers et au pied même du Mont-Rachais, qui domine la Bastille. Ce fort, un des plus remarquables de la France, commencé en 1824, a coûté vingt-cinq ans de travaux et près de dix-huit millions.

En sortant de la gare, le voyageur suit, pendant quelques minutes, une route large et nouvellement établie, qui plus tard sera bordée d'arbres et de trottoirs. Elle conduit au Cours, magnifique promenade dont l'une des extrémités aboutit à l'Isère, près de la porte Créqui, et l'autre au Pont de Claix. Ce Cours se compose de trois allées parallèles, séparées les unes des autres par des fossés remplis d'une eau courante qui provient de la Romanche, dont le lit, comme celui du Drac, se trouvant plus élevé que la partie de la plaine où coule l'Isère, fournit facilement l'eau qui alimente ces fossés et qui va se déverser dans cette dernière rivière. L'allée du milieu dessert les trois routes impériales de Marseille par la Croix-Haute, de Gap par la Mure et Corps, de Turin par l'Oisans, Briançon et le

Mont-Genèvre; les deux allées latérales sont réservées uniquement aux piétons. Quatre rangées d'arbres, presque tous platanes, sycomores ou érables, offrent dans l'été aux promeneurs une ombre agréable. Ces arbres ont été plantés par les soins de M. le premier président Prunier de Saint-André, qui, en 1684, était lieutenant général du roi en Dauphiné. Après le quatrième kilomètre, se trouve un vaste emplacement également entouré d'arbres et d'eau vive et connu sous le nom de *Rondeau*. Cette avenue est l'une des plus belles et des plus longues qui existent en France. Sa largeur est de vingt-quatre mètres, son étendue de huit kilomètres. Elle est en ligne tellement droite que, du bord de l'Isère, on aperçoit parfaitement l'arc immense du Pont de Claix qui s'élève à l'autre extrémité. Ce pont, d'une seule arche, a quarante-six mètres d'ouverture, d'un fondement à l'autre, et seize mètres d'élévation. Sa hardiesse et son admirable structure en font une œuvre d'art très-curieuse. Il a été construit en 1611 par le connétable de Lesdiguières. Il s'appuie, de chaque côté, sur un rocher qui avait été séparé depuis plus de deux siècles, vers 1377, pour détourner le cours du Drac et empêcher ce redoutable torrent d'emporter la ville de Grenoble. Un bac existait là où s'élève aujourd'hui le pont. Cependant on ne prolongea pas alors bien loin ce nouveau lit dans la direction qu'il occupe à présent, et le Drac continua d'inonder fréquemment la plaine qui s'étend de Grenoble à sa jonction avec l'Isère. C'est à Lesdiguières que l'on doit, en grande partie, les digues solides qui dirigent aujourd'hui les eaux réunies de la Romanche et du Drac à l'extrémité de cette plaine. On les a continuées et achevées après lui, et Grenoble a été mis de la sorte, un peu plus qu'auparavant du moins, à l'abri des fureurs de ce dangereux voisin.

Pour se rendre à la porte de Créqui, quelques minutes suffisent. En y arrivant, le voyageur peut admirer, en face de lui, sur l'autre rive de l'Isère, la porte de France, monument remarquable qui, lorsqu'on a élevé les nouvelles fortifications de Grenoble, a été conservé et isolé soit des rochers, soit des constructions qui l'écrasaient et nuisaient à son aspect. La porte de Créqui doit son nom au maréchal de Créqui, gendre de Lesdiguières. Elle n'offre rien de remarquable, et sa reconstruction date, comme celle de la plupart des autres portes de Grenoble, de 1832-36, époque à laquelle les remparts ont été démolis du côté de la plaine et reportés plus loin, ce qui a presque doublé l'étendue de la ville. Elle était connue aussi autrefois sous le nom de porte de *la Graille*, que l'usage lui a même conservé de nos jours. Bien plus anciennement encore elle s'appelait porte de *l'Aiguier*, à cause de sa situation en face du passage de l'Aiguier, qui devait son nom à un égout voisin servant à l'écoulement des eaux de la ville. Ce passage existait au pied de la grosse tour de l'Hôtel de Ville actuel, dite autrefois tour de la Trésorerie. Le nom de porte de la Graille lui avait été donné dans la suite, parce qu'il se trouvait tout près de là une auberge assez achalandée et qui avait pour enseigne une *graille*, autrement en français une corneille.

La porte franchie, le voyageur suit un quai qui n'a rien de remarquable. Au-devant de lui, une partie de l'Ile-Verte offre, à côté de la vieille tour carrée de la Citadelle, jadis l'Hôtel de Ville de Grenoble, un tapis de verdure couvert de beaux arbres. Un peu plus loin se montrent, disséminées sur les coteaux, les gracieuses villas de la Tronche, de Corenc et de Meylan, au-dessus desquelles s'élèvent le mont Saint-Eynard et la Dent de Crolles d'un côté, de l'autre, dans le lointain, les premiers pics des Alpes chargés de neiges et de glaces.

Arrivé à la hauteur du pont de pierre, il prend, à droite, une rue à l'extrémité de laquelle se voit le portail de l'hôpital de Grenoble, et il ne tarde pas à rencontrer la rue Montorge. Là se trouvent les principaux hôtels où s'arrêtent les voyageurs. Il s'arrange pour passer commodément le reste de la journée et faire ses préparatifs pour l'excursion du lendemain. La plupart des trains n'arrivant qu'à une heure assez avancée, comme dix heures du matin, midi, cinq et neuf heures du soir, il ne doit pas songer à se mettre en route immédiatement. Il vaut mieux pour lui consacrer quelques heures à visiter Grenoble; fût-il même arrivé par le convoi de 6 heures 56 minutes du matin, il serait encore trop tard pour partir ce même jour. Avant d'être entré dans la ville, d'avoir déjeuné, de s'être muni des provisions et autres objets nécessaires pour le voyage, bien du temps se serait écoulé. Pressé par la nécessité d'arriver avant la nuit, il ne pourrait pas être assez libre de lui et de ses moments, il se hâterait trop. D'ailleurs, Grenoble est une ville qui vaut bien la peine d'être vue avec un peu d'attention, et une demi-journée est à peine suffisante pour visiter ce qu'elle offre de plus intéressant.

Nous ne dirons rien de Grenoble; il ne faut pas oublier que ce petit livre est un Guide à la Grande-Chartreuse seulement. Il existe d'ailleurs un autre Guide, sans nom d'auteur, consacré spécialement à Grenoble et à ses environs. Aussi ne nous occuperons-nous que de ce qui sera de nature à intéresser le touriste sur la route qu'il devra parcourir de la gare au couvent.

Le lendemain donc, à cinq heures du matin, lesté de la tasse de café de rigueur, muni d'une bonne canne de voyage ou d'un bâton ferré, d'un parapluie en cas d'événement, d'un carnier contenant, avec une tasse en cuir ou en coco, des provisions pour déjeuner ou dîner en route, — car il ne faut pas compter faire un repas à la Chartreuse avant cinq heures du soir, — renfermant aussi le linge et les divers objets de toilette dont on peut avoir besoin, un petit flacon d'alcali, dans le cas peu probable où l'on rencontrerait des vipères sur son chemin, et il faut être à même de parer à tous les inconvénients, une bonne lunette d'approche qui aura son utilité au Grand-Som, et enfin, accrochant à son épaule la gourde indispensable, attendu que l'eau des montagnes, tout excellente qu'elle soit, est encore meilleure quand il s'y mêle quelque peu d'une bonne liqueur, on se met en route en remontant la rue Montorge. On repasse devant les murs de l'hôpital et on vient rejoindre le pont de pierre qu'on a entrevu la veille en arrivant de la gare par la porte Créqui.

Ce pont a été construit, en 1840, par les soins et sous l'habile direction de M. Picot, alors ingénieur des ponts et chaussées à Grenoble. Il en a remplacé un autre sur lequel s'élevait une immense croix en fer, qui y avait été placée lors de la fameuse mission de 1818 et qui en fut enlevée en 1830 : ce dernier menaçait ruine. Il faut traverser l'Isère pour arriver à la Perrière, l'un des quartiers les plus anciens de Grenoble. Son nom primitif était Pierrière, et il provenait d'une carrière de pierres qui en était voisine. C'est là qu'a commencé l'antique Cularo, qui ne comprenait d'abord que la Perrière et la rue Saint-Laurent que nous allons suivre. Peu à peu la ville, trop resserrée entre la montagne et l'Isère, a franchi la rivière et s'est étendue sur l'autre rive. Il y a trente ans encore, ce quartier de la Perrière était sale et hideux à voir. Une rangée de maisons noires et délabrées s'étendait là où se voient aujourd'hui un quai élégant et une longue ligne d'arbres. Ces maisons, du côté de l'Isère surtout, offraient un spectacle repoussant. Cette espèce de rue était étroite et sombre; aussi hésitait-on quand il fallait s'y engager. Aujourd'hui il n'en est plus ainsi. Toute la partie qui bordait l'Isère a été démolie et les maisons du côté opposé se sont faites propres et coquettes aux rayons du soleil qui les éclairent enfin. En face de ce quai, le voyageur peut en distinguer un autre sur lequel donne le derrière des façades de l'imprimerie Maisonville, du théâtre, de la prison et du palais de justice.

A l'extrémité de la Perrière, sur la petite place de la Cimaise, en face d'un autre pont sur l'Isère, se trouve un monument, œuvre remarquable d'architecture et de sculpture, due au ciseau d'un Grenoblois, M. Sappey, mort depuis quelques années. Il se compose d'un lion colossal, vainqueur d'un serpent qui se débat vainement sous sa griffe puissante. Le reptile est en bronze, le lion est taillé dans un bloc de pierre de Sassenage. L'eau jaillit de la gueule du serpent et tombe dans un petit bassin orné de feuilles aquatiques. De là elle vient sortir, aux deux côtés du piédestal, pour les besoins des consommateurs. Cette fontaine date de 1843. Le pont que l'on aperçoit en face d'elle est en fer, sa construction n'offre rien de remarquable. Il en a remplacé un en bois, au milieu duquel étaient deux bâtiments qui reposaient sur la pile principale. L'un servait de corps de garde, l'autre était un petit magasin de mercerie.

Entre le pont de pierre et le pont de fer, au-dessus de la Perrière, s'élève le vieux quartier de Chalemont, où commençait la grande route de Culuro à Vienne ; on y voit encore une des anciennes portes de la ville. Ce quartier, ou plutôt cette rue, aboutit à de vastes bâtiments aux toits pointus, que l'on a aperçus en traversant le premier pont. C'est un ancien monastère de la Visitation, fondé par saint François de Sales et occupé aujourd'hui par les dames de Sainte-Ursule, qui y ont établi un pensionnat renommé. Cet asile de paix et de religion, que l'on a longtemps désigné sous le nom de Ste-Marie-d'en-Haut, pour le distinguer d'un autre couvent du même nom qui existait à la Perrière, a servi de prison sous la terreur. Un grand nombre de citoyens *suspects* y furent enfermés. Mais là se bornèrent les *fureurs révolutionnaires* de Grenoble qui, toujours ami de l'ordre et de la vraie liberté, n'eut à déplorer aucune de ces terribles exécutions qui ont déshonoré d'autres cités.

Le voyageur s'engage ensuite dans la rue Saint-Laurent. Moins heureuse que sa sœur la Perrière, celle-ci n'a subi que de médiocres transformations. Son triste pavé pointu a été remplacé par un pavé plat, mais ses maisons n'ont pas suivi le mouvement qui a embelli Grenoble de tous les côtés. Elle a gardé ses deux rangs de masures, terminés par une porte neuve à pont-levis. Elle doit son nom à une église dédiée à saint Laurent, laquelle se trouve presque à son extrémité, et était jadis la cathédrale de Grenoble. Les premiers évêques de Cularo ont résidé dans cette rue et portaient alors le nom d'évêques de Saint-Laurent. On a prétendu que cette église était, dans les premiers temps de Cularo, un temple consacré à une divinité païenne, à Esculape, je crois. Cette opinion s'appuyait sur deux espèces de serpents, que l'on voyait encore, il y a peu de temps, en relief sur la corniche du mur extérieur de l'abside. Quelques personnes, au lieu de serpents, ont cru voir, dans ces emblèmes, des dragons à têtes d'hommes et munis d'ailes. Quoi qu'il en soit, d'anciens manuscrits, attribués aux Bénédictins à qui appartenait ce prieuré, porteraient à croire que sa première construction ne daterait que du commencement du VIIe siècle. D'autres adoptent le XIe ou le XIIe siècle. Il est certain, du moins, que cette église a été construite à différentes époques.

Des éboulements de la montagne ayant exhaussé le sol, il a fallu remédier à ces ravages et refaire l'église plusieurs fois. La nef actuelle et le clocher, bâti à l'italienne, qui la surmonte, sont de beaucoup postérieurs et ne remonteraient pas au delà du xive siècle.

Au-dessous de cet édifice, existe une crypte ou chapelle souterraine, dont l'ancienneté date aussi, selon les uns, de la naissance du christianisme ; selon d'autres, du vi^e siècle, et enfin, selon quelques-uns, du xie ou xiie. Ceux-là admettent, toutefois, qu'il a pu entrer dans sa construction des matériaux très-anciens et qui auraient appartenu à quelque temple païen. Ses colonnes et ses divers ornements se ressentent cependant évidemment de la décadence de l'art. « Ces colonnes ou colonnettes, dont quelques-unes semblent être d'une pierre de la nature du poudingue, et d'autres d'un granit simplement dégrossi, comportent surtout le genre des vi^e et viie siècles. Leur forme peu régulière, leur accouplement peu assorti, leurs décors et souvent la disproportion entre leurs chapiteaux et la hauteur ou la grosseur du fût, en fournissent une preuve. Elles sont placées à double étage et ainsi disposées avec symétrie : huit colonnes supérieures, assemblées deux à deux, supportant deux arcades en plein cintre aux deux extrémités d'une voûte également cintrée; quatre colonnes inférieures, une à une, soutenant aux quatre angles ces mêmes colonnes supérieures; deux colonnes servant aussi de support, une à chaque retour du mur, du côté du chœur, et, sur les deux faces latérales, dix autres colonnes rangées sur la même base que ces six dernières; huit d'entre elles soutiennent quatre cintres, deux sur chaque face. Entre ces deux cintres, dont l'un, celui près du chœur, à la fois plus ouvert et plus élevé que l'autre, se prolonge en voûte de manière à former une grande niche ou petite chapelle, se trouve une troisième colonne de support..... Le chœur et les deux niches ont la voûte en demi-coupole, et composée d'arêtes aboutissant à un point central; leur profondeur est de huit pieds, et la hauteur des colonnes, compris l'entablement, de trois pieds huit pouces. Ces colonnes sont d'ordre corinthien. Les frises qui les couronnent sont enrichies de sculptures diverses, toujours opposées, c'est-à-dire, que chaque frise est quadrangulaire, qu'elle présente deux dessins, et que le dessin d'une face se retrouve sur la face opposée. De plus, les sculptures de l'entablement entier d'une colonne se reproduisent sur l'entablement de la colonne symétrique. On y voit des guirlandes de fleurs, des feuillages, des anneaux entrelacés, de nombreuses croix, des oiseaux tenant des grappes de raisins et des épis de blé, des agneaux et des espèces de griffons, tous signes relatifs au christianisme; d'où il est facile de conclure que ce monument n'a jamais pu servir de prétoire, ni de temple consacré, soit à Esculape, soit à toute autre divinité profane, ainsi qu'on l'a prétendu (PILOT, *Album du Dauphiné*, tome 1.). » La longueur totale de cette crypte est de dix à onze mètres, sa largeur, d'un mur latéral à l'autre, de quatre mètres, et sa hauteur primitive de sept. M. Pilot paraît croire que la première église ayant été ensevelie par un éboulement de la montagne, ainsi que le rapporte une vieille tradition, on en aura bâti au-dessus une nouvelle, et transformé alors en chapelle souterraine une partie de l'ancienne échappée à la destruction. Celle-ci se trouve, en effet, au niveau du sol primitif, et l'église actuelle est à une hauteur bien plus considérable. Ce serait donc un débris d'une antique église cathédrale, la première de Grenoble, antérieure à Notre-Dame de quelques centaines d'années. Elle portait autrefois le nom de saint Oyen ou saint Ouen, mort en 683 et qui, avec saint Laurent, se partageait le patronage de l'église et était plus spécialement honoré dans la crypte. Quoi qu'il en soit, ce monument, le plus curieux et le plus ancien qui existe à Grenoble, était enseveli dans un profond oubli, malgré les efforts de M. Pilot pour l'en faire sortir, et avait même subi, à différentes époques, des mutilations considérables, quand M. de Gournay attira sur lui l'attention de l'Académie delphinale, dans sa séance du 20 février 1846. Une commission fut nommée par elle, le 27 mars suivant, pour examiner la proposition qui lui était soumise relativement aux mesures à prendre pour la restauration de la crypte. Cette commission se rendit sur les lieux et constata l'importance de ce monument au point de vue de l'art et des souvenirs. M. de Gournay fut désigné par elle pour exposer à l'Académie le résultat de ses observations, ainsi que les travaux et les dépenses nécessaires pour atteindre le but que l'on se proposait. Un vote unanime de l'Académie approuva ces conclusions, et depuis, la persévérance infatigable de M. de Gournay, jointe aux subventions qui ont été accordées par la ville et par l'Etat, a amené une restauration complète, non seulement de la crypte, mais encore de la partie du chœur de l'église qui se trouve immédiatement au-dessus. Nous ne saurions trop recommander aux voyageurs de visiter ce monument. La complaisance de MM. Keysser frères, curé et vicaire de Saint-Laurent, peut être mise à cet effet à l'épreuve par les visiteurs : elle est inépuisable.

En sortant de la crypte, le touriste voit se dresser devant lui la porte Saint-Laurent, la plus ancienne des portes de la ville. Elle a été conservée et restaurée lors de la reconstruction des fortifications de Grenoble, de 1832 à 1836. Cette porte franchie, il peut voir encore, sur le coteau qui est à sa gauche, quelques restes des vieilles murailles qui formaient de ce côté l'enceinte de

Grenoble, puis il ne tarde pas à rencontrer l'Isère dont il suit quelque temps les bords, sous une suite de tilleuls qui répandent en été un ombrage bien utile. Au bout de cette avenue, est un lavoir public, à quelques pas duquel cesse le territoire de Grenoble et commence celui de la Tronche, commune importante de près de 2,000 habitants. Une vaste forêt, parsemée de marécages, occupait autrefois l'emplacement de ce village et de son territoire. La forêt fut *tronchée*, *truncata*, c'est-à-dire abattue, le sol fut assaini, l'Isère resserrée dans des limites plus étroites, et quelques habitations devinrent le noyau du village actuel. Diverses localités de la commune qui ont conservé les noms de *Péage*, *la Palud* (*Palus*), *les Grenouilles*, attestent suffisamment encore la vérité de cette assertion. Avant la révolution, la Tronche portait le nom de *Saint-Ferjus*, qu'elle a conservé comme paroisse. Saint Ferjus était un évêque de Grenoble que son zèle pour la religion et son martyre ont rendu célèbre. Un jour, vers l'an 683 environ, le pieux évêque enseignait les vérités de la religion aux habitants des environs de

Grenoble, au pied du Mont-Rachais, selon les uns, et, selon le bréviaire de Vienne, sur le Mont-Esson, là où s'élève aujourd'hui le monastère de Sainte-Ursule, longtemps connu sous le nom de Sainte-Marie-d'en-Haut. Un misérable, à l'instigation d'Ebroin, maire du palais de Bourgogne, l'assomma par derrière avec un bâton. Ses complices relevèrent la victime et la jetèrent dans un four voisin. Mais les fidèles, indignés et revenus de leur première terreur, recueillirent ses ossements, les ensevelirent sur une petite éminence, au bord de l'Isère, et y érigèrent une église qui fut placée sous son patronage. Cette église a été démolie en 1852, à cause de son état de vétusté et de délabrement qui ne permettait pas de la réparer. Une autre a été construite sur un point plus central, et la place occupée par l'ancienne a servi à agrandir le cimetière. Une chapelle devait s'élever sur son emplacement; un ancien curé de la Tronche avait légué une somme suffisante pour l'érection de ce pieux souvenir. On aurait conservé le clocher, monument d'une date plus récente que l'église, et qui l'aurait rappelée tout en remplissant le but du donateur. C'est au pied de ce clocher, sous la place occupée par l'autel, que, selon la tradition, avaient été ensevelis les restes de saint Ferjus. Le conseil municipal a cru devoir le faire abattre, je ne sais pourquoi. Aujourd'hui, on s'occupe de réparer cet acte regrettable, et il y a tout lieu de croire que la chapelle commémorative du martyre du saint patron de la paroisse sera enfin construite.

Une fois entré sur le territoire de la Tronche, le voyageur suit la grande route qui longe le pied d'une montagne appelée le Mont-Rachais. A l'endroit où cette route fait un coude à droite, il doit l'abandonner pour prendre un chemin à gauche, entre une fontaine publique et l'auberge Poncet. Ce chemin commence à gravir le coteau. Quelques renseignements, que les passants donnent avec complaisance, seront utiles, si l'on est parti sans prendre un guide, pour se reconnaître dans les détours que l'on a à suivre. Bientôt on arrive devant de vastes bâtiments que surmontent un grand nombre de cheminées. C'est une filature et un moulinage de soie fondés par M. Buisson, ancien notaire, homme aussi distingué par ses connaissances pratiques que par les progrès qu'il a fait faire à l'industrie séricicole. On traverse ensuite plusieurs ravins, dont le second, le ravin de *Gorget*, a quelque chose de grandiose et d'imposant. Puis on gravit le chemin dit des *Combettes* ou Petites-Combes, au sommet duquel le voyageur fera bien de faire une halte sur un plateau de peu de largeur, mais assez étendu cependant pour lui permettre de s'asseoir et de contempler la vue qui s'offre à ses regards.

Un vaste cirque de montagnes se déploie devant lui. A droite, le Mont-Rachais, dont les sommets divers vont en déclinant du Mont-Jalat à la Bastille et de la Bastille à la colline de Rabot, autrefois le Mont-Esson, et qui a quitté ce nom pour prendre celui du président Rabot, célèbre jurisconsulte dauphinois, qui y avait son habitation, à peu de distance de celle que la tradition attribue à l'illustre Guy-Pape sur le territoire de la commune de Saint-Martin-le-Vinoux. Les fortifications nouvelles de Grenoble descendent de la Bastille et de Rabot, d'un côté, jusqu'à la porte de St-Laurent, sur la route de Savoie, de l'autre, jusqu'à celle de France, sur la route de Paris. En face, s'élèvent les rochers de Saint-Nizier, le triple pic des *Trois-Pucelles* et un grand nombre d'autres pics de toutes formes jusqu'au col de l'Arc et au sommet de la Moucherolle. A gauche, des cimes neigeuses se cachent dans les nuages. C'est d'abord, tout à fait au fond, visible seulement par un temps bien serein, l'Obiou qui s'aperçoit, dit-on, du port de Marseille, puis les sommets de Serre et de Lavaldens, la masse imposante du Taillefer, Chanrousse avec sa haute et belle croix, ensuite une multitude de roches tourmentées, le Mont-Colon, les pointes majestueuses de Belledonne et de la Grande-Lance, qui font partie de la chaîne des Chalanches, et à leur suite les montagnes de Theys, par lesquelles on peut se rendre en Maurienne en passant par la vallée si sauvage et si pittoresque des Sept-Laux. Des glaciers éternels se voient sur ces hauteurs, et les chaleurs de l'été sont impuissantes à les faire disparaître. Au-dessous d'eux, d'immenses forêts de sapins, puis des coteaux, tels que la montagne des Quatre-Seigneurs, le Canapé de Gargantua, etc., s'abaissent jusque dans la plaine, et de riants villages s'étendent à leur pied. C'est d'abord Eybens, dont le beau château appartient à M. Alphonse Périer, et qui possède une tuilerie renommée; Gières, Domêne, et surtout des maisons de campagne, des fermes, de la verdure, des moissons, de riches pâturages. Enfin, Grenoble, séparé en deux parties par l'Isère, que les mille contours ont fait comparer à un serpent, et, dans le fond, au delà de Grenoble, le Drac qui dessine sa ligne blanche au pied des coteaux. Le voyageur commence à apercevoir un coin de cette riche et fameuse plaine du Graisivaudan, dont nous avons déjà parlé.

De là aussi ses regards plongent sur le célèbre monastère de Montfleury, situé sur un gracieux monticule isolé de trois côtés et entouré de verdure et de fleurs, ce qui lui a fait donner avec raison le nom qu'il porte, *Mons Floritus*. Ce monastère, qui domine la plaine, et des terrasses duquel on jouit d'une vue admirable, a été fondé par le dernier dauphin, Humbert II. A la suite de violents démêlés avec l'archevêque de Vienne, au sujet du pouvoir souverain que chacun d'eux prétendait exercer sur les terres qui dépendaient du comté de Viennois, Humbert avait été excommunié. Des concessions réciproques et la médiation du pape terminèrent ces différends, et Humbert, pour se faire relever de l'excommunication prononcée contre lui, s'engagea, en 1342, à pourvoir à l'entretien de trois cents religieux. Afin de satisfaire à cet engagement, il céda aux Dominicains le château de Montfleury, son séjour de prédilection, et où il venait souvent se délasser des ennuis de son espèce de souveraineté. L'abbesse du couvent des Ayes en prit possession au nom de l'ordre. Vingt religieuses de St-Dominique s'y établirent en 1349. Ce nombre fut, plus tard, considérablement augmenté. Humbert leur assigna des revenus, en forme de dotation, se montant à 1,320 florins d'or, et leur céda en outre les terres de Corenc et de Saint-Ferjus dont faisait partie le péage de la Tronche, les exempta, ainsi que leurs serviteurs, de toute servitude, péage et autres redevances, et leur accorda tous les droits de haute, basse et moyenne justice. Devenu lui-même plus tard, après son abdication, religieux de saint Dominique et patriarche d'Alexandrie, il se souvint toujours de Montfleury. En 1352, il obtint du roi Jean une épine de la sainte couronne retirée par saint Louis des mains des Vénitiens, à qui elle avait été engagée comme nantissement d'un prêt considérable, et il en fit don au monastère. Enfin, il lui légua à sa mort une somme de 4,000 florins d'or. Le 14 avril 1455, un incendie réduisit Montfleury en cendres, et ce n'est que vingt ans après qu'il fut entièrement relevé de ses ruines. Les états du Dauphiné, Louis XII lui-même, et plus tard François Ier, accordèrent aux religieuses différentes sommes, qui les mirent à même de réparer complètement leurs pertes. Le 1er décembre 1625, un second incendie détruisit encore l'église et tous les bâtiments. Le désastre, cette fois, se répara plus promptement, grâce aux secours généreux que s'empressèrent d'accorder le connétable de Lesdiguières et toute la noblesse du Dauphiné, dont les jeunes filles étaient élevées à Montfleury. La révolution de 93 vint à son tour chasser de leur riante demeure les habitantes de l'ancien château delphinal. Le couvent fut vendu comme propriété nationale et démoli en grande partie. Il devint plus tard le siége d'une institution quelque temps florissante. Il passa ensuite aux mains des sœurs de la Providence, aujourd'hui propriétaires d'un magnifique établissement à Corenc, au pied des rochers du Saint-Eynard; peu de temps après, en 1831, dans celles des dames de Saint-Pierre, et enfin, depuis 1846, il appartient aux dames du Sacré-Cœur, qui ont relevé le pensionnat, lequel, rétabli par les sœurs de la Providence, déclinait depuis quelques années. Une élégante chapelle gothique a été bâtie à l'angle sud de la terrasse qui regarde Grenoble, par les soins et sous la direction de M. Sappey, l'auteur de la fontaine du Lion que nous avons déjà signalée. Si la pensée de Mme de Tencin, entrée à dix-huit ans à Montfleury, en 1698, et qui parvint à en sortir six ans après, rappelle des souvenirs attristants pour la religion, assez de saintes filles ont habité cette maison, pour les effacer complètement. C'est aussi là que Mgr Philibert de Bruillard, ancien évêque de Grenoble et doyen de l'épiscopat français, âgé de quatre-vingt-douze ans, achève dans le calme d'une solitude aimée, les derniers jours d'une vie tout entière consacrée à la vertu et à la religion.

A peu près sur la même ligne et un peu plus loin que Montfleury, s'élève à la pointe d'un mamelon le château pittoresque de Bouquéron, construction moderne et qui a remplacé, il y a cent cinquante ans environ, un château-fort qui tombait en ruines. Rien de plus gracieux, vu de la grande route et du pied de la montée de l'Egala, que ce singulier édifice. L'ancien château était un poste important sur cette hauteur qui domine si bien la route. Il a été plusieurs fois assiégé, entre autres, en 1371, par le chapitre de la cathédrale de Grenoble de qui il relevait en fief, et auquel le sire de Sassenage avait refusé d'en rendre hommage comme il y était tenu. L'affaire se termina par l'intervention du conseil delphinal, et le baron prêta hommage au chapitre. Un peu plus haut, une tour carrée attire les regards. Située sur une riante colline, de chaque côté de laquelle s'étendent de grands bois et de vertes prairies, elle porte dans le pays le nom de château d'Arvilliers, qui était celui de l'un de ses possesseurs avant la révolution. Elle s'appelait du temps des Dauphins, dit-on, *Tour des chiens*, parce que les Dauphins y entretenaient des meutes de chiens, dont ils se servaient dans les parties de chasse qu'ils faisaient fréquemment sur les coteaux environnants et jusque dans la forêt de Portes. A droite, au contour du rocher de Saint-Eynard, se montre le couvent actuel de la Providence, considérablement agrandi depuis quelques années et maison mère de l'ordre : c'est aussi un pensionnat de jeunes filles. Entre ce couvent et la tour dont nous venons de parler, le voyageur peut remarquer encore la nouvelle église de Corenc, commencée depuis plusieurs années, et qui malheureusement ne paraît pas devoir se terminer de sitôt. C'est un joli et élégant monument, conçu et exécuté avec un goût remarquable, sous la direction si intelligente de M. Pilot, maire de Corenc, et antiquaire distingué. Enfin, au-dessus de Montfleury, à la gauche du voyageur qui monte, un gracieux hameau se laisse entrevoir caché sous les arbres et la verdure. Il a reçu le nom de Chantemerle, je ne sais trop pourquoi, car les merles n'y sont pas plus nombreux qu'ailleurs. Nous y passerons bientôt. Toutes ces maisons de campagne, dispersées au penchant du coteau ou dans la plaine, donnent au paysage une charmante animation, et c'est avec peine que l'on s'arrache à la contemplation de ce tableau pour reprendre sa marche. Une véritable grimpée de quelques minutes conduit dans un chemin ombragé, qu'il faut suivre pendant un quart d'heure environ, pour arriver aux maisons de Chantemerle dont je viens de parler, et qui se dérobent à la vue de la plaine derrière un repli de terrain. Ce hameau est habité presque entièrement par deux familles de cultivateurs dont les divers membres s'y sont succédé depuis une époque très-reculée.

De Chantemerle, le mont St-Eynard s'offre aux regards d'une manière on ne peut plus pittoresque. Ce n'est plus cette longue montagne aux rochers dénudés par devant, aux sombres forêts par derrière; elle se présente étroite et haute, dérobant la vue du ciel au spectateur. Sa hauteur est de 1339 mètres au-dessus du niveau de la mer. Une rude montée conduit sur un petit plateau où le voyageur fera bien de s'arrêter pour déjeuner. Une maison hospitalière s'y élève. Habitée de père en fils par la famille Pilon, depuis plusieurs siècles, elle offre, sans être précisément une auberge, de précieuses ressources à ceux qui ne se sont pas munis de toutes les provisions convenables. En outre, une fontaine à l'eau claire et limpide coule tout près de là, et enfin, du point où elle est située, la plaine et les montagnes se déroulent encore sous les yeux d'une manière complète. Une fois engagé dans le défilé qui conduit au Sappey, on cheminera continuellement jusqu'à la Chartreuse dans un vallon resserré, entre des sommets boisés : on ne verra plus désormais que des rochers et des forêts.

Parti à cinq heures du matin, on devra être arrivé chez Pilon à sept heures et demie, et le déjeuner doit se faire rapidement, car on dînera entre onze heures et midi dans la forêt de Portes. Une demi-heure suffit donc pour ce léger repas et pour admirer une fois encore le riche bassin au fond duquel se déploient Grenoble, le Cours, le Pont de Claix, les montagnes du Villard de Lans et de St-Nizier, le Drac et la plaine qu'il ravage, Sassenage, Seyssins,

Seyssinet, Fontaine et ses balmes si curieuses, la vieille Tour sans Venin, et la chaîne des Alpes dont nous avons déjà nommé les pics principaux. De là se déroulent, dans toute leur curieuse bizarrerie, les replis, incroyables pour qui ne les a pas vus, de la rapide Isère qui répand autour d'elle la fertilité et quelquefois la dévastation, lors de ses inondations malheureusement trop fréquentes. Partout des maisons de campagne, des villages dont les clochers brillent au soleil, des vignes, des prairies, des champs fertiles; partout la culture, l'abondance, la vie. Cependant il faut s'arracher à ce spectacle enchanteur.

En quittant la maison Pilou, la route monte quelque temps entre le revers du mont Saint-Eynard, à droite, et la montagne du Sappey, à gauche. Cette montagne, dont la carte de l'État-Major n'indique ni la hauteur, ni le nom, s'appelle dans le pays l'*Écoutou*. Sa hauteur doit être de 1,200 mètres environ. Bientôt on se trouve en plaine. Demi-heure après, on rencontre, dans le fond d'un vallon, un ruisseau qui porte le nom de la Vence et qui va se jeter dans l'Isère près du village de Saint-

Egrève, en contournant le Casque de Néron. Ensuite, une étroite vallée s'ouvre à gauche, un moulin et quelques maisons éparses se montrent dans le fond; c'est le hameau de Vence. Par cette échappée de vue, l'œil découvre, dans le lointain, Quaix, Sarcenas, Proveysieux et ses bois élevés, une quantité de sommets divers aux formes bizarres, et un tout petit coin de la plaine qui est au delà de la Buisserate. Puis la route s'enfonce de nouveau entre le long prolongement de Saint-Eynard et des coteaux boisés.

Au bout d'une demi-heure à peu près, se présente un torrent qui sort d'une cavité du rocher que l'on a à sa droite; il traverse le chemin pour se jeter dans la Vence qui coule à gauche dans le fond d'un ravin. Ce torrent se nomme le Bret. Lors de la fonte des neiges, le volume de ses eaux est assez considérable pour former une cascade qui mérite qu'on s'arrête pour la considérer. Dans les temps de sécheresse, il est à sec et l'on peut alors pénétrer dans la cavité d'où il sort. Cette cavité n'offre rien de remarquable. La montée devient plus rapide et l'on ne tarde pas à apercevoir quelques maisons éparses sur le bord de la route. C'est le commencement du Sappey. Là existe une espèce d'auberge. Des œufs, du beurre et du fromage, avec un vin détestable, voilà tout ce qu'elle offre au voyageur, et c'est beaucoup quand on est fatigué et qu'on a faim ; mais le mieux sera toujours de porter ses provisions. On s'arrête où l'on veut : l'eau, une eau excellente, ne manque pas dans ces régions boisées.

Après avoir dépassé cette auberge, on suit un long ruban de chemin que l'on voit se déployer devant soi et qui conduit, par une pente assez douce, jusqu'au commencement de la forêt de Portes. Le vallon se resserre de plus en plus. On laisse dans un enfoncement, à droite, le village du Sappey, dont le clocher élevé se montre de loin, et l'on gravit une espèce d'escarpement de gazon dans lequel ont été tracés, par les piétons et les mulets, une infinité de petits sentiers. Au haut de cet escarpement, on se trouve dans un chemin profondément creux, dans lequel trente centimètres de boue permanente arrêteraient le voyageur, s'il ne suivait un sentier tracé au sommet de la berge de gauche. Du haut de cette berge, il peut contempler, à quatre mètres au-dessous de lui, la grande route des mulets et des pièces de bois qui descendent de ces montagnes. De l'autre côté existe une jolie forêt composée de sapins et de diverses espèces d'arbres.

Deux heures sont nécessaires pour arriver du Sappey à la forêt de Portes. Ce lieu doit son nom sans doute à ce qu'il s'offre comme l'entrée du désert où se trouve le couvent de la Grande-Chartreuse. A partir de ce col, la montée cesse, le vallon s'élargit, tout l'espace est envahi par les bois, et la route s'avance au milieu. A droite, le voyageur aperçoit le pic élevé de Chamechaude (2087 mètres); à gauche, Charmanson se montre un peu plus loin. La solitude est complète. Pas une maison, pas la moindre cabane; des ruisseaux, des torrents qui rendent souvent le chemin peu praticable; parfois un attelage de bœufs qui conduit à Grenoble ces longues pièces de sapins dépouillés de leur écorce et qui vont servir soit aux constructions, soit à former ces radeaux à l'aide desquels on transporte sur l'Isère, en Provence, les pommes de reinette de l'Oisans renfermées dans des caisses, ou bien des lambourdes et d'autres productions du pays. Dans les mois d'août et de septembre, on récolte en abondance, sur la lisière de la forêt, des fraises et surtout des azerolles, dont le fruit noir a une saveur aigrelette assez bonne. Au milieu du col de Portes, juste en face de Chamechaude, est une source excellente auprès de laquelle s'arrêtent ordinairement les voyageurs pour dîner. En effet, il est onze heures, le déjeuner a été fait rapidement ; une nouvelle halte à la fin de cette longue montée est réellement nécessaire, et un second repas, en attendant le dîner des Chartreux, donnera des forces pour continuer la route, d'autant plus qu'il ne faut pas compter arriver au couvent avant quatre heures, et dîner avant cinq. Donc il est bon de prendre ses précautions en conséquence. Une heure doit suffire pour ce repas et pour contempler, en se reposant, Chamechaude, dont je ne conseille pas l'ascension au voyageur, quoique la chose soit très-praticable : il vaut mieux en faire l'objet d'une excursion à part. Puis on se met en route.

Du col de Portes, situé à une hauteur de 1352 mètres au-dessus du niveau de la mer, la route descend presque continuellement jusqu'au hameau des Cottaves, qui n'est plus qu'à 1105 mètres. Pour y arriver, il faut marcher pendant une heure dans des chemins pavés de grosses pierres et inondés par une multitude de petits ruisseaux, dont l'eau surgit de tous les côtés à la fonte des neiges ou à la suite des grosses pluies. La vue est bornée par des coteaux sur lesquels on aperçoit des traces de culture. Çà et là de pauvres chaumières s'élèvent entre un champ de pommes de terre et quelques maigres carrés de seigle ou d'avoine. De ces cabanes sortent, à l'approche du voyageur, des enfants déguenillés et maladifs qui courent après lui pour en obtenir une aumône. Les toits sont couverts en *essandolles* ou minces planches de sapin, quelques-uns le sont en chaume. A peine rencontre-t-on de loin en loin une ou deux maisons construites un peu passablement en pierres. Parfois ces chaumières se présentent en petits groupes : le premier que l'on rencontre s'appelle *les Guillets*, le second *les Revols*, le dernier *les Marrons*, En approchant des Cottaves, aux deux tiers de cette longue vallée qui conduit aux portes du désert et à Saint-Pierre de Chartreuse, la culture est un peu mieux entendue. Chaque parcelle de terrain est occupée, les prairies y sont bien arrosées ; mais l'hiver est long dans ce triste pays ; le soleil y prodigue peu sa chaleur bienfaisante, et les neiges, arrivées de bonne-heure, s'en vont tard. On chemine ainsi entre deux haies ou entre des prairies. Toutes les sommités sont couvertes de forêts du milieu desquelles on voit s'élever, de distance en distance, la fumée de quelque charbonnière. A moitié chemin du hameau des Cottaves, à l'entrée du désert, on aperçoit très-distinctement la pointe élevée du Grand-Som, haute montagne qui domine le couvent de la Grande-Chartreuse et au sommet de laquelle les religieux ont planté une croix qui brille de loin. On peut même la voir du milieu de la forêt de Portes, si le temps est bien clair. Le Grand-Som, où nous conduirons le voyageur, est un but de pèlerinage pour la plupart des touristes. La vue de ce sommet donne du courage, on sent qu'on approche et le sentiment de la fatigue diminue.

Du hameau des Cottaves à l'entrée du désert,

une heure et demie de marche sont nécessaires. Un demi-heure avant d'atteindre cette entrée, on aperçoit une jolie église, de l'autre côté du Guiers, sur une petite élévation. Elle a été construite, il y a sept ou huit ans, par les chartreux, qui l'ont dédiée à saint Hugues, ancien évêque de Grenoble, qui accueillit saint Bruno lorsqu'il vint se réfugier dans les montagnes où il fonda son ordre. Dix minutes plus loin, on commence à distinguer le village de Saint-Pierre de Chartreuse. Ce village se compose d'une multitude de hameaux dispersés sur une assez grande étendue de terrain, depuis le pied du col de Portes jusqu'à peu de distance de St-Pierre d'Entremont. Le plus considérable, qui porte principalement le nom de St-Pierre de Chartreuse, fut détruit par un incendie, en 1846. Malgré tous les secours, la flamme épargna à peine quelques maisons. La charité des Chartreux fut admirable. Ils recueillirent dans les bâtiments du couvent et de la Courrerie tous ces malheureux sans asile, pourvurent à leurs besoins, leur fournirent vivres, vêtements, remèdes, les consolèrent, leur rendirent le courage et les mirent à même de rebâtir leurs pauvres demeures. Plus tard, nous signalerons encore ces prodiges de charité, qui se sont renouvelés à l'occasion d'un incendie bien plus terrible, qui détruisit presque en entier aussi le village de Saint-Laurent du Pont.

Les Chartreux ont fait reconstruire l'église de Saint-Pierre, au pied de laquelle coule le Guiers-Mort. Ce torrent est formé par divers ruisseaux qui viennent se réunir au-dessous de Saint-Pierre de Chartreuse, et dont le plus considérable sort d'une excavation peu profonde située dans la montagne qui s'élève en face du village Il traverse le désert, arrose la plaine de Saint-Laurent du Pont, et, près des Echelles, va se réunir à l'autre Guiers. Son nom de Guiers-Mort lui vient, selon la chronique du pays, de ce qu'il cessa subitement de couler une certaine année, on ne sait pourquoi. Les Chartreux se rendirent en procession sur ses bords, et ses eaux reparurent. L'origine plus probable de son nom vient de ce que, dans les étés brûlants, à la suite d'une sécheresse prolongée, les eaux des petits ruisseaux qui l'alimentent viennent quelquefois à

tarir, et le torrent alors est à sec. Le Guiers-
Vif, ainsi nommé parce qu'il ne cesse jamais
de couler, prend sa source à Saint-Pierre d'Entremont, au-dessus du hameau de St-Mesme,
et va se jeter dans le Rhône à peu de distance
du Pont de Beauvoisin. Les titres anciens
l'appellent *Guerus vivus*, et l'autre *Guerus
mortuus*.

Un peu plus loin, on rencontre sur la gauche une petite chapelle dédiée aussi à saint
Hugues. Cette chapelle, où les Chartreux di-
saient la messe à certaines époques de l'année, possède un autel qui contient cette inscription en caractères gothiques : *Initium
terminorum et privilegiorum domus Cartusiæ*.
A peu près en face, se trouve un assez vaste
bâtiment appelé le Grand-Logis. Il appartenait
autrefois aux Chartreux qui l'ont fait construire. C'est près de là qu'on laisse à droite
le chemin qui conduit à Saint-Pierre de Chartreuse. La route que l'on doit suivre pour arriver au couvent passait, il y a deux ans encore, entre la chapelle de Saint-Hugues et le
Grand-Logis. Une montée assez rapide, que
suivait une descente pareille, a fait abandon-

ner ce chemin et l'on en a créé un autre au-dessous de ces deux bâtiments. Si l'on veut visiter la petite chapelle, il faut revenir en arrière, mais l'on fera tout aussi bien de s'en dispenser.

Quelques pas plus loin, le voyageur voit tout à coup se dresser devant lui deux rochers presque perpendiculaires, de près de 100 mètres de hauteur, et tellement rapprochés l'un de l'autre, surtout par le haut, qu'il se demande avec inquiétude où il va passer. Le torrent occupe seul l'étroit espace qui les sépare. Un pont solidement construit fait communiquer d'une rive à l'autre. Chacune des entrées de ce pont était défendue par un bâtiment dont les murs sont percés de meurtrières. Un gardien était autrefois chargé de veiller sur ce passage et d'en ouvrir et fermer les portes. La maison qui lui servait de logement existe encore, mais les portes ne se ferment plus. En arrivant à ce pont, on voit une source énorme sortir avec fracas du rocher presque à fleur de terre. On a attribué à saint Hugues la construction de cette double porte ; les Chartreux auraient voulu par là s'isoler plus complètement encore du monde, en fermant à tous l'accès de leur retraite. D'autres ont donné pour motif de cette espèce de fortification la nécessité d'arrêter les incursions du fameux Mandrin, dont la bande venait souvent mettre le couvent à contribution.

Quand on a franchi le pont, on se trouve véritablement dans le désert. Le chemin côtoie les bords du torrent que l'on entend se briser en mugissant contre les blocs de rochers qui encombrent son lit. Les cimes des montagnes se rapprochent, tandis que leurs bases semblent s'écarter. Ce sont les Chartreux qui ont conquis ce chemin sur le torrent et le rocher. Avant eux, le passage était extrêmement difficile ; il n'existait qu'un étroit sentier souvent endommagé par les eaux. Ce lieu a quelque chose de grandiose et d'imposant. Toute trace de culture a disparu ; on ne voit plus que des arbres, des rochers et le ciel. Un silence profond, qu'interrompt seul le fracas du torrent, accompagne le voyageur presque jusqu'au couvent. Les Chartreux viennent quelquefois se promener dans cette partie du désert. En les rencontrant, on éprouve je ne sais quel sen-

-timent de vénération et de surprise. La blancheur de leur robe qui tranche avec le vert du feuillage ou la couleur sombre des rochers, ce costume si différent du nôtre, cette expression de calme et de sérénité parfaite répandue sur leur visage, frappent et émeuvent. Ils abordent le voyageur avec bonté et répondent à toutes ses questions avec une complaisance et une douceur qui redoublent encore les sentiments qu'ils inspirent au premier aspect.

Trois quarts d'heure après avoir dépassé l'entrée du désert, on arrive, par un chemin qui monte continuellement au milieu des bois, à un vaste bâtiment en ruines qui se nomme la Courrerie. Ce nom lui a été donné parce qu'il était anciennement la résidence du père procureur de la Grande-Chartreuse, appelé dom Courrier. C'est là que l'on envoyait les religieux qui, à cause de leur santé ou de leur âge, avaient besoin de soins particuliers et d'un air plus doux. Par sa situation abritée contre les vents froids du nord et mieux exposée au soleil que le couvent, la Courrerie offrait à ces bons pères un climat plus favorable. C'était comme un hospice pour ceux qui ne pouvaient supporter toutes les austérités de la règle imposée à leurs frères mieux portants. Il s'y trouvait une église et un certain nombre de cellules. Plus tard, on y établit une imprimerie d'où sortaient les livres de prières et tout ce qui se publiait concernant l'ordre des Chartreux. Quelques-unes de ces éditions se voient encore dans la bibliothèque du couvent et dans celle de Grenoble. A la Courrerie existaient aussi de nombreuses manufactures où se fabriquaient des draps grossiers, mais solides, les toiles, les souliers, les vêtements dont avaient besoin les Chartreux. Enfin, il y avait une école où l'on recevait un certain nombre d'enfants pauvres des localités environnantes. On leur apprenait un métier, en même temps qu'ils y obtenaient le bienfait d'une éducation chrétienne. Maintenant la Courrerie est à peu près en ruines. Quelques gardes forestiers et d'autres employés des eaux et forêts habitent seuls ceux de ses bâtiments où l'on peut encore être à l'abri des injures de l'air. Il ne reste de l'église que les quatre murs et la voûte. Un peu plus bas, on voit un jardin potager qui fournissait au couvent une certaine quantité de légumes, et dont une partie aujourd'hui est cultivée par les gardes qui résident à la Courrerie. A part les souvenirs du passé, il n'y a rien qui soit digne d'attirer l'attention du voyageur. Il pouvait, il y a peu de temps encore, sans s'arrêter, lire au-dessus de la porte une inscription, consistant en deux vers latins, mise au bas d'une niche qui renferme une statue de la Vierge. La fondation de la Courrerie est attribuée à dom Guigues, cinquième général de l'ordre. Elle a été ravagée plusieurs fois par les protestants ou par l'incendie, notamment en 1442, 1562, en 1589, et enfin, en 1674.

En face de la Courrerie, est un petit cimetière, entouré d'un mur très-bas et où l'on voit quelques modestes croix de bois sans aucune inscription, qui s'élèvent du milieu des grandes herbes. Ce cimetière était destiné à recevoir les restes mortels des différents ouvriers au service de la maison. Trois quarts d'heure de marche sont encore nécessaires pour atteindre le couvent. Le chemin est en plaine; il s'avance entre deux haies, de vastes prairies s'étendent de chaque côté, et au delà une chaîne de montagnes couvertes de sapins. Rien ne mérite bien d'attirer les regards du voyageur; déjà il distingue la pointe des clochers du monastère, il entend le bruit des cloches, qui, dans le silence du désert, cause toujours une émotion indéfinissable. D'ailleurs, la fatigue, le désir d'arriver, de se reposer et le besoin de dîner, excitent à avancer. Enfin, onze heures après être parti de Grenoble, on aperçoit les bâtiments de la grande Chartreuse. On en suit quelque temps les murs extérieurs. Bientôt un vaste réservoir et une belle allée d'arbres se présentent; on les laisse à sa gauche, et, contournant le mur que l'on vient de suivre, on arrive à la grande porte du couvent. Un frère à longue barbe introduit le voyageur dans la cour d'entrée. De là on pénètre dans une espèce de vestibule qui précède le long et beau corridor sur lequel s'ouvrent les portes de l'église, du réfectoire des pères et des cellules des officiers de l'ordre. Le père coadjuteur vient recevoir le voyageur et l'invite à se rendre dans l'une des salles à manger de la maison. Un grand feu est allumé, s'il fait humide ou froid, et on lui offre, avec les souhaits de bienvenue, un petit verre de l'excellente mélisse dont la Chartreuse a le secret et le monopole. La première chose à demander, c'est une cellule, si la journée a été chaude, car il est prudent de changer de linge et de ne pas garder sur soi des vêtements mouillés par la transpiration. Les corridors et les salles du couvent conservent une grande fraîcheur, même en été. Un refroidissement serait facile à prendre, et il est aisé de s'en garantir avec quelques précautions. Il est bon d'ailleurs de secouer la poussière de la route et de réparer le désordre que la marche a mis dans la toilette.

Pendant que, dans sa cellule, on procède à ces soins indispensables, le dîner se prépare. Il faut compter sur trois quarts d'heure ou une heure d'attente; mais on oublie promptement ce petit inconvénient en se mettant à table. L'appétit, aiguisé par une longue marche, par l'air vif et pur des montagnes, par la bonne liqueur des Chartreux, fait trouver excellents les aliments maigres qui sont servis : haricots, pommes de terre au beurre frais, œufs accommodés de diverses façons, poisson, voilà la carte à peu près unique et peu variée du couvent. Mais tout est bien propre, le pain est bon, le vin passable, le beurre excellent, et puis, dans la saison, on sert en abondance de délicieuses fraises des bois accommodées avec la précieuse liqueur dont j'ai déjà parlé; tout cela réuni fait qu'on peut encore bien dîner, quoique sans viande. D'ailleurs, l'accueil est si franc et si hospitalier, qu'on se trouve tout de suite à son aise. Le couvent n'est pas une auberge, et il faut savoir bon gré aux Chartreux de ce qu'ils veulent bien faire pour les voyageurs qui visitent leur solitude. Souvent, au milieu du repas, le père général vient leur donner un affectueux bonjour. Son air de bonté, sa parole affable, modeste et presque toujours spirituelle, lui concilient sur-le-champ l'attachement et le respect. On se sent ému de tout ce que l'on voit, de tout ce que l'on ressent, et l'on ne pense plus à la fatigue éprouvée. Après le dîner, on va visiter les environs du couvent, l'infirmerie où sont reçues les dames, la grande allée d'arbres que l'on a aperçue en arrivant ; on va s'asseoir en haut de la prairie qui domine le couvent, ou bien l'on se rend dans un pavillon adossé au coteau boisé qui règne à gauche en sortant. Pour y parvenir, il faut passer derrière l'infirmerie. Une longue allée bien ombragée, bordée de mousse, du milieu de laquelle sortent, de distance en distance, une multitude de fraises qui semblent inviter le passant à les cueillir, y conduit. Cette allée est charmante. Les senteurs qu'exhalent les sapins de la forêt, la solitude, le silence, la fraîcheur de l'ombrage, jettent dans une douce rêverie. On oublie d'où l'on vient; le passé, l'avenir s'effacent; on est tout entier à ce bonheur calme qui plonge l'âme dans une espèce d'extase. On ose à peine parler à ses compagnons, tant on craint de voir s'évanouir le charme sous lequel on est placé. Du pavillon, on découvre parfaitement l'ensemble des bâtiments de la Chartreuse, cette multitude de toits gris et de clochers de toute dimension. Des bancs ont été placés dans l'intérieur pour les visiteurs fatigués. Des milliers de noms obscurs, des inscriptions absurdes ou insignifiantes couvrent les parois en planches, et leur vue fait bien vite ressouvenir du vers latin : *Nomina stultorum*, etc. J'ai vu de mauvais plaisants se faire un plaisir d'écrire, soit dans ce pavillon, soit sur les murs des cellules et des corridors du couvent, les grands noms de Châteaubriand, de Lamartine, de Victor Hugo et de nos principales célébrités; puis les badauds de s'extasier ensuite devant ces prétendus autographes.

Une recommandation assez importante à faire au voyageur, c'est de ne pas pousser de cris, de ne pas jouer d'instruments bruyants, le soir surtout, autour du couvent. Il ne faut pas oublier qu'il y a derrière ces murs des hommes qui sont venus y chercher la paix et la solitude, qui y prient et y méditent, et qui souffriraient si leurs prières étaient troublées par des bruits étrangers et profanes. On doit avoir soin aussi de s'abstenir de jurements et de paroles déplacées. L'hospitalité a ses droits, elle a aussi ses exigences. Il est bien d'ailleurs d'observer en tout temps et en tout lieu les lois de la bienséance.

Après une demi-heure passée au pavillon à contempler la vue dont on y jouit, on fera bien de revenir se coucher, si l'on veut faire le lendemain la course du Grand-Som. Les chambres à coucher à la Chartreuse ne sont ni vastes, ni somptueuses. Ce sont d'étroites cellules dont les murs ont été blanchis à la chaux. Le modeste mobilier qui les garnit se compose d'un lit de bois, d'un prie-Dieu, d'une chaise, d'un crucifix et de quelque tableau représentant un sujet religieux. Le parquet est en briques carrées et les tapis de pied sont souvent absents. Les fenêtres de la plupart sont garnies de petits carreaux de verre traversés par d'étroites lames de plomb qui forment une espèce de treillis. Il en est cependant quelques-unes plus spacieuses, qui ont reçu le luxe d'une cheminée de bois et dans lesquelles se trouve un placard renfermant de la liqueur et souvent même des provisions. Elles sont destinées en général aux ecclésiastiques qui viennent faire une retraite au couvent. Ils peuvent ainsi y vivre parfaitement isolés; ils mangent dans leur cellule et ne sont pas obligés de se mêler aux autres voyageurs. Parfois aussi on y loge les personnes connues et auxquelles on veut faire honneur. Dans quelques autres, d'une date plus ancienne, les lits sont de grandes armoires fermées d'un rideau, espèces de tombeaux qui font naître dans l'esprit des pensées peu gaies ; mais on n'a pas trop le temps de se livrer à ces méditations. Le sommeil, qui fuit souvent l'habitant des villes, ne fait jamais défaut à la Grande-Chartreuse. La fatigue, l'exercice, l'air vif et pur des montagnes, les impressions douces dont on est rempli, tout contribue à endormir promptement. En vain le sommier est dur, le linge d'une finesse douteuse, quoique blanc et propre, le matelas peu élastique, l'oreiller parfois garni de paille au lieu de plumes, on n'en dort pas moins profondément, si bien qu'on a de la peine à s'arracher le matin aux douceurs de sa nouvelle couche.

COURSE AU GRAND-SOM.

Il faut se lever et partir de bonne heure, à cinq heures et demie au moins. On reprend donc son bâton de voyage, son carnier, sa gourde qu'on a eu soin de garnir la veille de liqueur de la Chartreuse, liqueur qui se vend dans une des salles à manger du couvent et du débit de laquelle le frère Jérosime est chargé. Ensuite, sans songer à déjeuner, car l'appétit n'est pas encore ouvert, lesté d'un bon petit verre de mélisse, emportant le reste des provisions dont on s'était muni à Grenoble, et que l'on consommera au bord d'une source, non loin du chalet de Bovinant, n'oubliant pas surtout sa lunette d'approche, on se met en route.

Il faut cependant que le temps soit beau, et surtout que les nuages ne couvrent pas le Grand-Som, car autrement la course serait sans plaisir et la fatigue sans compensation. On se trouverait au milieu des brouillards qui mouillent bien vite les vêtements et, dans l'obscurité, on aurait peine à trouver son chemin; enfin, on ne jouirait pas de la vue que l'on va chercher si haut. Il arrive parfois que le Grand-Som est éclairé par le soleil, tandis que les nuages couvrent la plaine et n'offrent qu'un immense océan de vapeurs, spectacle peu agréable. C'est au voyageur à bien choisir son jour et l'époque de l'année. En général, les mois de juillet et d'août, mois de printemps à la Chartreuse, doivent être préférés, quoique, en juin et en septembre, on puisse rencontrer aussi, mais moins fréquemment, de magnifiques journées. Quelquefois des orages violents éclatent dans ces montagnes, mais ils sont rarement de longue durée; ils purifient l'atmosphère et l'on est sûr de jouir ensuite d'un temps à souhait. Au reste, le père général a une grande habitude de tout cela, et il met avec tant de complaisance son expérience au service de ceux qui la réclament, qu'on ne doit pas craindre de le consulter et de s'en rapporter à ses avis.

Trois chemins s'offrent en sortant du couvent, après avoir dépassé l'infirmerie. Celui de gauche conduit dans les bois ou à l'allée du pavillon; celui du milieu, aux chapelles de Sainte-Marie et de Saint-Bruno; celui de droite, au Grand-Som. Il vaut mieux prendre celui du milieu. Après avoir visité les chapelles, on rejoindra facilement celui du Grand-Som. Rien de plus délicieux que ce chemin au milieu de ces grands bois et à cette heure matinale. On est pénétré d'une douce fraîcheur, on respire avec volupté cette bonne odeur de résine qu'exhalent les énormes sapins qui peuplent la forêt; on s'arrête pour admirer les échappées de vue qui s'offrent par intervalles; on se sent à cent lieues du monde habité, tant on est enveloppé de rosée, d'ombre et de silence. Les cœurs les plus froids, les plus blasés, ne sauraient résister aux impressions qui remplissent l'âme. A peu près à moitié chemin, on rencontre un de ces vastes réservoirs que les anciens Chartreux avaient fait construire dans leurs bois. Enfin, après une heure de marche assez fatigante, quoique peu pressée, on se trouve tout à coup en plaine, et l'on aperçoit de loin, sous la voûte des arbres, la chapelle de Sainte-Marie qui s'offre la première à la vue, au bord du chemin.

Cette chapelle est connue sous le nom de Notre-Dame *de Casalibus*. Elle a été bâtie en 1440, par François de Maresmes, un des généraux de l'Ordre. Pendant la révolution, celui que l'État avait préposé à l'administration des biens des Chartreux, tenant peu de compte des souvenirs religieux que rappelait cet édifice, ne prit aucun soin de l'entretenir. En 1816, quand l'Ordre eut été remis en possession de son couvent, mais non de ses propriétés réunies au domaine de l'État, la première pensée des religieux fut pour le rétablissement de cette chapelle. C'est là, en effet, qu'à son arrivée dans ce désert qu'il a rendu si célèbre, saint Bruno s'établit avec ses compagnons; c'est là qu'ils se construisirent de pauvres petites cellules ou cabanes de bois pour se préserver de la neige et du froid. Une source abondante leur fournissait l'eau nécessaire à leurs besoins. C'était le fond du désert. Tout y était plus sauvage encore qu'ailleurs, et c'est ce qui fit adopter cet emplacement à ces hommes qui ne se croyaient jamais assez loin du monde. Quelques années après, saint Hugues, évêque de Grenoble, et sincère admirateur des vertus des Chartreux, touché des souffrances qu'ils enduraient dans ces asiles si mal clos, leur fit bâtir une espèce de petit monastère également en bois. Mais environ cinquante ans plus tard, le 30 janvier 1133, sous le généralat de dom Guigues le Vénérable, 5ᵉ prieur de la Grande-Chartreuse, une immense avalanche, entraînant avec elle d'énormes fragments de rochers, s'abattit sur cette humble demeure. Sept religieux périrent dans ce désastre; les autres vinrent s'établir plus bas, là où existe le couvent actuel. Autour des chapelles, on voit encore de nos jours un entassement considérable de rocs, surmontés de sapins dont les racines se sont cramponnées à la pierre. Ces blocs datent de 1133; ils rappellent au voyageur une date funeste.

La chapelle de Sainte-Marie a été bâtie sur les ruines du premier monastère dont j'ai parlé, et son nom *de Casalibus* a consacré le souvenir des humbles cabanes où étaient venus se réfugier saint Bruno et ses compagnons. Sa couleur blanche la fait distinguer de loin se détachant sur le fond sombre du feuillage. Elle forme un carré long. Au-devant s'avance un péristyle, auquel on accède par un perron de quelques marches. La voûte intérieure est peinte en azur et toute parsemée du chiffre en or de la Mère de Dieu. Tout le tour des murailles, deux rangs de cartouches renferment, en lettres dorées, chacun un verset des litanies de la sainte Vierge.

Derrière l'autel est un tableau qui représente les premiers compagnons de saint Bruno, découragés, abattus par son absence, et prêts à quitter le désert. Saint Pierre leur apparaît et leur montre la sainte Vierge venant les secourir et les faire renoncer à ce dessein. Le désastre de 1133 ne s'était pas étendu jusqu'à cette chapelle qui a été reconstruite depuis. En face est un petit bâtiment qui contient une provision de bois et une cheminée. Les voyageurs, que le froid du matin aurait saisis, peuvent y faire du feu. Partout se révèle cette prévoyance paternelle des Chartreux pour ceux qui viennent les visiter, et qui cependant ne font souvent que troubler leur solitude.

Deux cents pas plus haut, on voit, à gauche, la chapelle de Saint-Bruno qui s'élève sur un énorme fragment de rocher escarpé de trois côtés. C'est à cet endroit même, dit-on, que saint Bruno établit son habitation ; c'est là qu'arriva la catastrophe dont nous avons parlé. Il y avait autrefois une grotte qui servait d'oratoire au pieux cénobite. Tout auprès, sort du rocher la même fontaine à laquelle il se désaltérait et que le temps et les éboulements ont épargnée. C'est l'eau de cette source qui a été amenée au couvent et distribuée dans l'intérieur des bâtiments. La chapelle actuelle a été élevée en 1640, par Jacques de Merly, ancien Chartreux, devenu évêque de Toulon. Elle a été réparée en 1820, ainsi que celle de Notre-Dame, par les libéralités *des princes*, ainsi que le constate une inscription que le voyageur peut lire sur le mur, à gauche en entrant. Cette inscription dit aussi que Jacques de Merly fit *entourer* l'ancienne chapelle de Saint-Bruno d'un *autre édifice sacré plus auguste*. Cela porterait à croire que celle-ci aurait été épargnée en partie par le désastre de 1133.

A l'intérieur, on voit, au fond, des peintures à la fresque détestables et qui représentent tout ce que l'on veut. Sur les murs latéraux, on a peint six religieux qui sont censés représenter les six compagnons de saint Bruno. L'artiste a assez bien réussi dans l'emploi du clair-obscur qui fait prendre à la première vue ces portraits pour des statues placées dans des niches. Mais c'est là tout leur mérite. Le lambris vaut mieux. On prétend que l'autel dont saint Bruno se servait existe toujours dans cette chapelle; il était en pierre, on l'a recouvert d'un autre autel en bois, pour le conserver plus longtemps sans doute; mais le voyageur regrette de ne pouvoir vénérer ce dernier et unique débris de ce qui a servi à l'illustre fondateur de l'Ordre.

Dans le cours de l'été, les Chartreux vont trois fois chanter une messe à Notre-Dame *de Casalibus*, et une fois à la chapelle de Saint-Bruno, le 6 octobre, jour de la fête de ce saint. Disons, pour terminer, que ce site est on ne peut plus pittoresque; que ces deux chapelles ont été copiées et reproduites par le crayon ou le pinceau des milliers de fois, et qu'il n'est ainsi presque personne en France qui ne les connaisse.

Après être sorti de la chapelle de saint Bruno,

avoir goûté l'eau de la source qui servit à désaltérer le célèbre ermite, on gravit quelque temps la pente boisée qui s'élève au-dessus de la chapelle Notre-Dame. Il faut bien se garder de prendre le chemin qui contourne derrière celle de saint Bruno, il conduirait le voyageur dans des pâturages éloignés où il ne rencontrerait que des chalets. Après quelques minutes d'ascension au milieu des arbres et des fougères, on rencontre le vrai chemin du Grand-Som. Il n'y a plus à craindre de se tromper, il ne s'en rencontrera pas d'autres. On avance sans trop se presser, car la montée est un peu fatigante, et d'ailleurs il est prudent de ménager ses forces. La route est pavée de gros blocs de pierre usés par les pièces de bois qui ont été amenées de la montagne. De temps en temps on rencontre d'énormes rochers descendus des sommets qui dominent la forêt et sur lesquels des sapins ont pris racine. On est tout entouré d'arbres ; la vue est bornée par des pentes boisées très-rapprochées. De larges fourmilières peuplent seules ces solitudes dans l'été, avec un petit nombre d'oiseaux et quelques écureuils. Les loups, les ours et les renards n'y paraissent que dans l'hiver : le voyageur n'a donc rien à craindre. Une heure après le départ des chapelles, on rencontre sur le bord du chemin, à un coude qu'il forme, à droite, une petite ouverture carrée, entourée de pierres taillées et surmontée d'une croix. Au-dessus s'élève un de ces rochers dont j'ai déjà parlé et qui supporte plusieurs sapins. Une eau fraîche et limpide coule au fond. Là, on s'assied sur l'herbe qui entoure la source, sur des pierres ou des débris de vieux arbres, et l'on déjeune gaiement. Les restes des provisions de la veille, que l'on aurait dédaignés en d'autres temps et d'autres lieux, sont ici trouvés excellents, arrosés de l'eau de la source mêlée à la liqueur des Chartreux. On rit, on cause, on se communique ses diverses impressions tout en mangeant, et l'on se demande aussi par où et quand on sortira de cette forêt. Une demi-heure après s'être arrêté, on se remet en marche. Bientôt apparaissent des crêtes de rochers ; le vallon semble s'élargir, la forêt s'éclaircit, on rencontre des troncs d'arbres étendus sur la terre et presque en poussière. Ce sont des sapins frappés par la foudre ou abattus par le vent. On a reculé devant les difficultés qu'auraient opposées leur extraction et leur descente à Grenoble ; on les a laissés se dissoudre sur place. La montée devient de plus en plus rapide. Il faut avoir bien soin de ne pas s'écarter du chemin suivi jusqu'alors et éviter de petits sentiers perfides, pratiqués par les troupeaux et qui conduiraient loin du but que l'on veut atteindre. Le sommet du col où est situé le chalet de Bovinant, à 1666 mètres d'élévation, se montre bientôt. On y arrive en suivant un chemin pierreux qui serpente au milieu d'une vaste étendue d'orties et d'autres plantes dont les brebis paraissent peu se soucier, car elles n'y font pas grand mal, et l'on se trouve enfin sur un petit plateau et à l'entrée d'un vallon sur la droite duquel il faudra s'engager pour trouver le sentier étroit et rapide qui conduit au Grand-Som.

Ce vallon, appelé de Bovinant, est bordé d'un côté par les rochers d'Aliénard, et de l'autre par une chaîne dont le Grand-Som est le pic le plus élevé. Le chalet est peu considérable et l'on y rencontre rarement les bergers qui passent leur journée dans les pâturages, avec leurs chiens et leurs troupeaux. C'est un spectacle assez curieux que celui qu'offrent ces innombrables animaux éparpillés sur les versants de la montagne, au milieu des rochers, partout où se trouve quelque herbe à brouter. On les voit de loin se mouvoir lentement ; ils paraissent comme des points blancs se détachant sur le gris des pierres ou le vert des prairies. Les aboiements des chiens et la voix des bergers troublent seuls le silence de cette solitude.

Le 8 juillet 1841, je fus témoin dans ce lieu d'un spectacle qui ne s'est peut-être pas renouvelé depuis. J'étais parti du couvent à quatre heures du matin, avec quelques compagnons de route. A six heures nous venions d'arriver sur le penchant de la montagne d'Aliénard que le soleil commençait à éclairer de ses rayons. Nous étions tout entiers à l'impression que cause toujours l'aspect de ces lieux. Tout à coup des chants religieux frappèrent nos oreilles et nous vîmes déboucher du côté d'Entremont et s'avancer dans le fond du vallon, une longue file de femmes et de jeunes filles vêtues de blanc, d'hommes et d'enfants en habits de fête ; des prêtres à cheval conduisaient et guidaient cette pieuse caravane qui marchait en chantant des cantiques. C'était les habitants de la Ruchère, de Saint-Pierre-d'Entremont et des autres paroisses reculées de ces montagnes, qui venaient recevoir le sacrement de confirmation au couvent de la Grande-Chartreuse, des mains du vénérable évêque de Grenoble, Mgr Philibert de Bruillard, à qui son grand âge ne permettait plus de s'exposer aux fatigues d'un voyage dans ces paroisses d'un accès si pénible. La procession dura plus d'un quart d'heure, elle disparut ensuite derrière le chalet, dans le chemin par lequel nous venions de monter. Jamais je n'oublierai l'impression que me causa cette foule recueillie, survenue tout-à-coup comme par enchantement, et traversant ainsi, aux premières heures du jour, ce vallon désert. Les pieux pèlerins avaient disparu depuis longtemps déjà, que nous écoutions encore les cantiques sacrés que répétaient au loin les échos de la montagne.

A cinquante pas du chalet, se trouve une fontaine dont l'eau n'est pas à dédaigner, car, malgré la fraîcheur du matin, la soif se fait sentir et la liqueur seule l'irrite au lieu de l'apaiser. C'est à quelques minutes de cette source qu'il faut commencer à gravir la pente gazonnée qui est peu rapide en cet endroit. On ne tarde pas à rencontrer un petit sentier qui serpente dans la prairie. C'est le chemin du Grand-Som. Après l'avoir suivi pendant un quart-d'heure environ, on arrive à un point où il est traversé par quelques pierres qui forment là comme une espèce de barrière. On doit bien se garder de la franchir, quoique le chemin paraisse très-praticable de l'autre côté. On s'engagerait dans des passages difficiles et pleins de dangers; il faut contourner à droite et s'enfoncer dans une espèce de défilé resserré entre des rochers que l'on escalade pour ainsi dire. Au bout de quelques pas, on trouve un autre sentier, c'est le bon, on ne le quittera plus jusqu'au sommet. Il côtoie le précipice, tantôt dans des pierres, tantôt dans des prairies où se trouvent d'énormes touffes de rhododendrons ou lauriers-roses des Alpes, des gentianes aux fleurs jaunes, des violettes et de larges pensées. Par moments, il semble disparaître aux regards, c'est qu'il plonge tout à coup dans une dépression de terrain. Il faut descendre avec précaution, car on a, à sa gauche, le rocher taillé à pic et, à sa droite, un abîme de plus de cent mètres de profondeur. Une de ces dépressions surtout est effrayante et capable de faire reculer ceux qui n'ont jamais fait de courses de montagne. Il arrive parfois qu'au fond de ce demi-cercle, le sentier a été emporté par les eaux; il faut alors se lancer à la course sur la pente du terrain, ce n'est que l'affaire de quelques pas et l'on se trouve bientôt plus au large, sous une roche qui surplombe, et où l'on n'a désormais plus rien à craindre. Au reste, disons-le vite pour rassurer le voyageur, il n'est jamais arrivé d'accidents à cette ascension du Grand-Som, quoiqu'elle soit faite chaque année par un grand nombre de personnes, parmi lesquelles des femmes et des enfants.

Une heure suffit pour parvenir du chalet de Bovinant au sommet de ce sentier qui longe le banc de rochers. De là, on aperçoit la croix; mais vingt minutes au moins sont nécessaires encore pour l'atteindre. On marche sur le gazon, tantôt gravissant des pentes, tantôt descendant dans des cavités où la neige se conserve toute l'année. Enfin, on arrive à la croix. C'est le point culminant de la montagne. Il est à 2033 mètres. La croix est en bois peint; il faut la renouveler souvent; la pluie et le soleil, et même la foudre, l'ont bien vite ruinée. On avait eu l'idée, il y a une quinzaine d'années, d'en tailler une sur place avec les pierres qui abondent partout sur cette hauteur; elle était d'une couleur blanche, aussi se distinguait-elle de très-loin. Je la vis lorsqu'on se disposait à la placer; l'année suivante, je ne retrouvai plus que ses débris dispersés au pied d'une nouvelle croix en bois. On avait été obligé, pour assujettir ses diverses parties, d'employer des boulons en fer placés dans l'intérieur. La foudre, attirée par le métal, l'eut bientôt frappée et brisée. On a depuis lors renoncé à employer la pierre. Une multitude de noms couvrent sa surface; des imprudents ont été même jusqu'à grimper au sommet, malgré son peu de solidité, le vent et le précipice épouvantable qui s'ouvre immédiatement au-dessous, et cela pour inscrire leurs noms un peu plus haut que les autres. L'orgueil humain ne devrait pas cependant se retrouver sur une cîme d'où les choses de la terre paraissent si petites.

Là, il faut s'arrêter une heure au moins, d'abord pour se reposer, ensuite et surtout pour admirer le spectacle grandiose et sublime qui s'offre aux regards. Appuyé à la croix, le spectateur mesure avec effroi la profondeur de l'abîme au fond duquel on voit, à plus de six cents mètres en dessous de soi, resserré dans son enceinte de murs, avec ses toits gris et rouges de formes et de hauteurs diverses et ses nombreux clochers, le couvent d'où l'on est parti et que l'on a peine à se figurer si petit. Ensuite, quand le vertige commence à venir, on porte ses regards loin devant soi, sur une immense étendue de pays que l'on dirait ne former qu'une seule plaine, car les montagnes, de la hauteur où l'on se trouve, se sont effacées et semblent être de niveau avec les vallées. A l'horizon, d'abord, ce sont les plaines du Lyonnais, dans la vapeur, et une ligne blanche qui n'est autre chose que le Rhône, puis les montagnes du Forez, du Vivarais, une partie des départements de l'Ain et de l'Isère, une multitude de coteaux qui se confondent presque avec la plaine; à droite, une vaste étendue d'eau bleue et vaporeuse, c'est le lac du Bourget, au-dessus duquel la montagne du Chat élève sa haute cîme; en se retournant, le coup d'œil n'est pas moins imposant. C'est un chaos de monts de toute hauteur et de mille formes, depuis le mont Viso jusqu'au Mont-Blanc, avec leurs pics dentelés et couverts de neiges éternelles et de glaciers étincelants au soleil ; c'est la masse du Taillefer que nous avons déjà indiquée au voyageur en montant au Sappey, Belledonne, la Grande-Lance et les monts si pittoresques de l'Oisans, le grand Charnier dans la direction d'Allevard; enfin, le Pelvoux, ce géant de nos Alpes dauphinoises, dont la hauteur est de 4105 mètres ; plus près de soi, la Dent de Crolles, la longue chaîne de Saint-Eynard, l'extrême pointe de Chame-Chaude, et dans le vallon resserré qui s'étend tout au bas, une multitude de maisons et de hameaux épars, appartenant aux communes de Saint-Pierre de Chartreuse et de Saint-Pierre d'Entremont. Au-delà, les montagnes couvertes de sapins qui environnent le désert arrêtent la vue, on est comme étourdi, enivré par la majesté de ce spectacle et, en présence de tant de grandeur, on est forcé de s'avouer bien petit. Il y a néanmoins dans cette contemplation un charme indéfinissable. Les grandes scènes de la nature ne laissent personne froid et sans émotions. Le cœur le plus desséché s'émeut lui-même tout en s'étonnant de ces sensations si nouvelles pour lui. On se sent plus loin de la terre, plus près de Dieu ; des idées plus douces remplissent l'âme, et l'on comprend ce que les beautés factices de nos grandes cités ne pourront jamais faire comprendre : la puissance et la majesté du créateur.

Le temps passe vite dans cette espèce d'extase. Il faut partir, car la nature a ses droits, et le dîner est encore loin. On s'arrache à regret à ce spectacle féerique, et l'on se dirige, en descendant parmi les herbes et les pierres, vers l'entrée du sentier par lequel on est venu. Ce sentier n'est pas bien facile à retrouver; il faut avoir un peu l'habitude de ces localités pour ne pas perdre de temps à le chercher.

Enfin on s'y engage, on franchit de nouveau le mauvais pas ; on revoit la fontaine et le chalet de Bovinant. On se retourne une fois encore pour contempler le sommet d'où l'on vient et la croix qui plane dans les airs, puis, en se promettant de revenir plus tard, on reprend le chemin de la forêt, on s'enfonce sous ses ombrages épais, on va vite, car on descend et la faim se fait sentir. En vain les cailloux roulent sous les pieds, la pente entraîne, on avance rapidement. Demi-heure a suffi pour revenir au chalet, une heure au plus est nécessaire pour atteindre le couvent. On passe au-dessus des chapelles qu'on a visitées le matin ; on les entrevoit, à sa droite, au travers du feuillage, et l'on ne tarde pas à entendre une cloche qui annonce que le couvent n'est pas loin. Enfin, sept heures après le départ, c'est-à-dire à midi et demi, on est arrivé, un peu las, un peu brisé par les efforts de la montée et les secousses de la descente, mais heureux et satisfait. En attendant que le dîner se prépare, on s'étend sur un banc, sur son lit, partout où l'on peut se reposer ; on rêve à ce que l'on a vu, à ce que l'on a éprouvé et l'on se félicite de n'avoir pas reculé devant la fatigue.

Le dîner est bientôt servi, le menu de la veille n'a guère varié. Ce sont des œufs, du beurre, du fromage, des haricots, des pommes de terre, des crêpes, appelés dans le pays *matefins*, etc. A deux heures et demie, on quitte la table et on va respirer un moment l'air du dehors. Puis on fait demander la permission de visiter l'intérieur de la maison. Cette visite dure ordinairement une heure ou une heure et demie. Elle est si intéressante que je conseille bien vivement au voyageur de ne pas quitter la Chartreuse sans s'être procuré ce plaisir. Autrefois, il n'y avait pas besoin de permission pour cela, tout était ouvert, on n'avait pas placé de portes à l'entrée des principaux passages, on pouvait circuler dans tous les corridors, dans les grands cloîtres, à toute heure du jour. La bibliothèque, la salle du chapitre avec ses beaux tableaux et les portraits des généraux de l'ordre, les chapelles, l'église, rien n'était fermé aux curieux. Les Chartreux ne se défiaient de personne, et ils semblaient heureux de laisser à tous un libre accès dans leur demeure. Aujourd'hui, il n'en est plus tout à fait de même. L'accueil est toujours aussi franc, aussi hospitalier, mais des indiscrets, et où n'en trouve-t-on pas ! ont lassé la patience des bons pères. Ils sont venus rire, causer, chanter jusque dans les cloîtres et, plus d'une fois, des propos déplacés ont troublé le silence de ces lieux consacrés à la prière. Des inscriptions absurdes, des noms de toute sorte ont été inscrits sur la porte même des cellules, à côté des paroles saintes qui s'y lisent. Le cimetière n'a pas été non plus à l'abri des profanations de certains sceptiques qui mettent leur gloire à insulter à tout, et maintenant nul ne peut pénétrer dans ces lieux réservés, sans une permission que l'on ne refuse jamais et sans l'assistance d'un des officiers de l'ordre, qui ouvre et ferme les divers passages et donne, avec une inépuisable complaisance, tous les renseignements qui lui sont demandés.

Avant de conduire le voyageur dans l'intérieur du monastère, nous avons cru convenable de raconter l'histoire de sa fondation et des vicissitudes qu'a eu à subir l'ordre des

Chartreux. Ces détails ne peuvent qu'intéresser et, quand on les connaît, on parcourt avec plus de respect et d'émotion les diverses parties de ces bâtiments qui ont abrité tant de souffrances et de vertus.

Le monastère de la Grande-Chartreuse a été fondé par saint Bruno, en 1084.

Saint Bruno naquit à Cologne, vers la fin de l'année 1035, date peu certaine cependant, car d'autres le font naître en 1038. Sa famille occupait un rang distingué dans le monde, et le futur fondateur de l'ordre des Chartreux reçut une éducation brillante. Après avoir fait ses premières études à Cologne avec un éclat qui attira sur lui l'attention de l'archevêque de Vienne, saint Annion, il se rendit en France et habita quelque temps Paris, puis il vint à Reims, dont l'école jouissait alors d'une grande célébrité.

Ses études terminées, il retourna à Cologne où il reçut les ordres sacrés, et il commença à s'y faire remarquer par ses vertus, sa science et son zèle évangélique. Cependant l'archevêque de Reims, saint Gervais, n'avait pas oublié le jeune étudiant. Il le sollicita de revenir auprès de lui pour se charger de la direction des écoles ecclésiastiques de la ville et du diocèse. Bruno accepta cette offre ainsi que le titre de chanoine théologal; mais malgré l'importance de ces fonctions, il continua de vivre avec la même simplicité.

Saint Gervais mourut. Son successeur, Manassès II, avait usurpé le siége de Reims par des moyens peu honorables. Bruno lui ayant vainement représenté ce que sa conduite avait de blâmable, se porta pour son accusateur devant un concile qui se tint à Autun. Manassès y fut révoqué de ses fonctions et le siége archiépiscopal vacant fut offert à Bruno; mais celui-ci, effrayé de la responsabilité de ce fardeau, s'enfuit à Paris.

C'est à cette époque que la tradition place un fait miraculeux qui aurait déterminé notre saint à renoncer à la dignité de chanoine, à ses honneurs, à ses richesses, au monde enfin, et à s'ensevelir dans la solitude. Cette légende, immortalisée par le pinceau de Lesueur, n'a rien d'authentique. Quoi qu'il en soit, le parti de saint Bruno fut pris irrévocablement; rien ne put l'en détourner. Saint Robert de Molesmes, qui fonda plus tard l'ordre de Cîteaux, l'encouragea dans son nouveau dessein, et six amis voulurent s'associer à son avenir. Ces amis étaient : Landuin, qui fut prieur de l'Ordre après lui, Étienne de Die, Étienne de Bourg, tous deux chanoines de Valence, Hugues dit le Chapelain, Guérin et André, laïques. Avec eux, il s'achemina vers le Dauphiné, où saint Hugues, évêque de Grenoble, qui avait été le disciple de saint Bruno à Reims, lui offrait, dans son diocèse, un désert tel que l'imaginanation de notre saint l'avait rêvé.

Un songe, dans lequel il avait vu sept étoiles se diriger vers lui, avait averti saint Hugues de son arrivée. Saint Bruno accepta l'offre que lui faisait son ancien disciple. Ce lieu lui convenait en effet à merveille. *C'était un séjour affreux, un repaire de bêtes sauvages, rempli de rochers élevés, de forêts impénétrables. Un froid rigoureux y régnait dix mois de l'année, la terre y était inculte et couverte de broussailles; le bruit des torrents, le silence des bois, tout y inspirait l'horreur et l'effroi.* Saint Hugues accompagna les nouveaux solitaires à travers les forêts et les précipices, jusqu'à l'endroit où se voient aujourd'hui les chapelles de Saint-Bruno et de Notre-Dame de Casalibus, dont nous avons déjà parlé. Là, ils se bâtirent quelques cabanes et un oratoire près d'une source abondante. Les propriétaires de ces montagnes, Séguin, abbé de la Chaise-Dieu, Humbert de Mirabel et son frère Oddon, leur cédèrent, avec empressement et par contrat authentique, la propriété de ce désert.

Bientôt de nouveaux disciples, attirés par le bruit de tant de courage et de vertus, vinrent se joindre à eux. Leurs petites cabanes se changèrent en un monastère, de bois aussi, mais plus commodément bâti. Ils adoptèrent la règle de saint Benoît, copièrent des manuscrits, se livrèrent à un travail de culture et de défrichement, construisirent des usines, et donnèrent une sorte de vie et d'animation à ce désert jusqu'alors stérile et presque inaccessible.

Cependant le pape Urbain II, autrefois disciple de saint Bruno à Reims, au milieu des circonstances difficiles où le plaçait le schisme qui désolait alors la chrétienté, se souvint de son ancien maître. Il l'appela auprès de lui en réclamant le secours de ses conseils et de ses encouragements. Saint Bruno dut obéir. Il lui en coûta cruellement d'abandonner sa chère solitude et ses compagnons ; mais le chef de l'église l'avait ordonné. Le jour de son départ fut pour tous un jour d'affliction profonde; une sorte de pressentiment leur disait que saint Bruno ne devait pas revenir. En effet, quand la crise qui l'avait fait appeler fut passée, Urbain II voulut le retenir à Rome, en lui offrant les plus hautes dignités ; il refusa, mais consentit cependant à ne pas trop s'éloigner du souverain pontife et, pour rester fidèle à cet engagement, il renonça à revenir en Dauphiné et alla fonder une autre Chartreuse au désert della Torre, en Calabre. C'est là qu'il mourut, le 6 octobre 1101, entouré de ses frères. Sa mort fit sensation dans tout le monde chrétien, et ses enfants de Chartreuse s'en montrèrent longtemps inconsolables. En 1514, il fut canonisé par le pape Léon X.

Nous avons déjà raconté comment le monastère fut renversé et détruit par une avalanche, cinquante ans après sa fondation, ce qui détermina les survivants à ce désastre à venir s'éta-

blir là où il s'élève actuellement. L'Ordre des
Chartreux prenait de jour en jour un accroissement plus grand, lorsqu'un incendie vint
détruire le couvent, en 1320. Il le fut encore,
soit entièrement, soit partiellement, en 1371,
1474, 1510, 1562. En 1592, le féroce baron des
Adrets envoya des soldats pour le piller ; mais
avertis de leur venue, les Chartreux eurent le
temps, avant de se disperser, de cacher dans
les bois ce qu'ils avaient de plus précieux, et
surtout un riche reliquaire contenant des ossements de saint Bruno. Les protestants furieux
mirent le feu au monastère. En 1611, un nouvel incendie détruisit plus de la moitié des
bâtiments reconstruits ; enfin, en 1676, un dernier sinistre les anéantit presque entièrement.
Dom Masson, supérieur général de l'Ordre, les
fit rebâtir tels qu'ils existent aujourd'hui. La
pierre fut extraite d'une carrière qui se voit
encore, quoique recouverte en partie par les
arbres et les broussailles, en face du couvent,
de l'autre côté du chemin qui y amène. C'est une
espèce de marbre gris susceptible de recevoir
un magnifique poli, comme on peut s'en convaincre à la porte de l'église et en divers en-

droits où ce poli a été donné à la pierre.

L'ordre des Chartreux était parvenu à son plus haut point de grandeur et de prospérité, quand survint la révolution de 1789. Il comptait alors cent quarante maisons, disséminées dans toute l'Europe. La France en renfermait à elle seule soixante et dix, l'Espagne dix-sept, la Savoie vingt-cinq, l'Allemagne, l'Italie, la Suisse, la Pologne, presque tous les états de l'Europe, en possédaient un certain nombre. Une multitude d'évêques et de princes de l'Église étaient sortis de ses cloîtres et avaient étonné le monde par leur savoir et leur piété. Ses biens étaient immenses. Les Chartreux étaient devenus seigneurs d'Entremont, de la Ruchère, d'Entre-deux-Guiers, de Villette, de Saint-Laurent du Pont et de Miribel; ils étaient en outre propriétaires de nombreuses terres dans le Dauphiné. Mais ils faisaient de leurs possessions et de leurs revenus le plus noble usage. Jamais un malheureux n'implorait vainement leur pitié et, jusque dans les lieux les plus reculés, ils savaient secourir et soulager l'infortune. Les étrangers étaient admis dans leurs maisons avec cette même affabilité touchante que leurs successeurs n'ont pas oubliée et, pendant trois jours, on pourvoyait largement et gratuitement à tous leurs besoins. Aujourd'hui l'hospitalité est tout aussi gracieuse, tout aussi cordiale et dévouée, mais elle ne peut plus être gratuite. Les Chartreux ont été dépouillés de leurs biens et, comme je l'ai déjà dit, ils ne sont plus chez eux que comme locataires. Néanmoins la rétribution que l'on exige est si modérée, que l'on comprend bien vite qu'il ne s'y mêle pas une pensée de spéculation.

A 89 avait succédé 93. Tous les religieux et toutes les religieuses de France avaient été chassés de leurs asiles. Les Chartreux qui, dans leur désert, s'étaient toujours préservés des abus reprochés aux autres ordres monastiques, espérèrent un moment échapper à la proscription. Une exception aurait pu être faite en leur faveur, à cause des services qu'ils avaient rendus à ce pays si désert, si inculte avant eux. Ils n'en fut pas ainsi et ils durent, comme les autres, dire adieu à leur chère retraite et s'exiler loin de ces montagnes au sein desquelles ils avaient espéré mourir. La plupart se disper-

sèrent dans les diverses maisons de leur Ordre
qui existaient hors de France, et le supérieur
général, dom Geoffroi, s'en alla mourir à
Rome en 1801. l'Etat s'empara de leurs biens.
Un régisseur fut installé au couvent pour veiller à la conservation de ses bâtiments, ainsi
qu'à celle de ses propriétés qui n'avaient pas
été vendues. Mais rien ne put effacer le souvenir des Chartreux. On continua à aller en pèlerinage à la Grande-Chartreuse, à s'entretenir
de ses hôtes absents que l'on regrettait toujours. Le peuple de ces montagnes respecta
l'asile de ses bienfaiteurs et, s'il ne put empêcher les dévastations intérieures et les injures
du temps, il s'opposa du moins à ce qu'on
démolît leur demeure, comme on le fit ailleurs.

1815 arriva. Il fut alors permis aux exilés
des cloîtres de revenir dans leur patrie. Les
Chartreux obtinrent la restitution de leur
monastère; mais, hélas! on ne put leur rendre que des bâtiments. Les bois qu'ils avaient
si bien aménagés, appartenaient à l'Etat ou
avaient été vendus comme domaines nationaux. On leur rendit tout ce qui pouvait être
rendu; ils l'acceptèrent et, soumis aux vo-

lontés de la Providence, ils ne murmurèrent pas. Les libéralités de la famille royale et de quelques autres personnages illustres vinrent à leur aide, et ils purent attendre ainsi des jours meilleurs.

C'est le 8 juillet 1816 que dom Moissonnier, ancien prieur de la Chartreuse de la Part-Dieu, en Suisse, et devenu supérieur général de l'Ordre, revint prendre possession de ce couvent qui, depuis vingt-quatre ans, regrettait ses pieux habitants. La population de ces montagnes l'accueillit avec des cris de joie. Le souvenir des bienfaits passés n'était pas mort dans le cœur des montagnards dauphinois, dont les Chartreux avaient été si longtemps la providence et l'appui, et bien des fois les récits de la veillée avaient laissé échapper des paroles de regrets et des vœux pour leur retour. Les anciens Chartreux français qui vivaient encore se hâtèrent d'accourir. Dom Moissonnier arriva par St-Laurent du Pont et Fourvoirie; Mgr Simon, évêque de Grenoble, l'avait fait accompagner par un de ses vicaires généraux, M. Bouchard. Toute la population du bourg les suivait; un grand nombre d'ecclésiastiques et de personnes notables de Grenoble s'étaient joints à leur cortége. Les habitants de Saint-Pierre de Chartreuse, de Saint-Pierre d'Entremont et de la Ruchère vinrent au-devant d'eux jusqu'à la pyramide de l'OEillette, ayant à leur tête leurs maires et chère leurs curés. Les Chartreux revirent enfin leur retraite, après vingt-quatre ans d'abandon; mais, hélas! dans quel état! La dévastation s'était étendue sur elle; les chapelles et la bibliothèque avaient été dépouillées, les fenêtres et les portes brisées, les cellules ravagées, les cloches enlevées; partout des mains avides avaient laissé leurs traces. Onze jours après son retour, le vénérable dom Moissonnier rendit son âme à Dieu. L'émotion de ce bonheur inespéré s'était trouvée au-dessus de ses forces. Il avait revu le désert de saint Bruno; il pouvait dire comme Siméon: *Nunc dimittes*, etc.: il ne lui restait plus qu'à mourir.

Cependant des jours meilleurs ont lui pour les Chartreux. Quoiqu'ils ne soient pas propriétaires de leur couvent et de ses dépendances, néanmoins la vente de leur élixir, des diverses liqueurs qui se fabriquent dans leur maison, des chapelets, médailles et autres objets pieux que les voyageurs achètent, les nombreux troupeaux qu'ils élèvent, les dons et les aumônes des étrangers, joints à la rétribution que ceux-ci paient pour leur logement et leur nourriture, toutes ces ressources réunies, non-seulement améliorent de jour en jour leur position, mais encore les mettent à même de distribuer autour d'eux des secours multipliés, de soulager bien des infortunes.

Le monastère actuel est situé à 980 mètres au-dessus du niveau de la mer. Il se compose de divers corps de bâtiment assemblés entre eux et construits dans un style simple et sévère. Il est bâti dans une prairie dont le sol est fortement incliné et qu'entourent des forêts et des rochers escarpés. Des murs peu élevés règnent tout autour. Les toits sont hauts et à pentes rapides, à cause de la grande quantité de neige qui tombe pendant l'hiver et qui les écraserait, si elle ne glissait pas sur leur surface. Ils sont, pour la plupart, recouverts en ardoises. Six clochers de hauteur différente les surmontent, et le son de ces cloches, qui s'entend de loin dans la forêt, a quelque chose de mélancolique et qui dispose à la rêverie.

La porte d'entrée est large et massive. Située sur le plateau, au nord, elle donne accès sous une voûte. A droite, est le logement du frère portier ; à gauche, un corps de logis où les visiteurs pauvres sont reçus gratuitement. A la suite du logement du portier est un bâtiment qui servait autrefois à la pharmacie et à la distillerie des élixirs et liqueurs. Mais en 1851, après un commencement d'incendie, le Père général fit transporter cet établissement dans une partie du couvent qui, mieux isolée, ne présente pas les mêmes sujets de danger.

La cour carrée, qui s'offre ensuite à la vue, renferme deux vastes bassins circulaires, relevés depuis quelques années et dont l'eau provient de la source de saint Bruno.

Quand on a traversé la cour, on monte quelques marches d'un large perron et l'on se trouve à l'entrée d'un corridor de cent trente mètres de longueur, auquel viennent aboutir toutes les voies de communication avec les autres parties du monastère. D'abord, à droite et à gauche, deux petits corridors conduisent à quatre grandes salles où l'on reçoit les étrangers, et dont tout l'ameublement consiste en une longue table, quelques chaises, des bancs, un buffet en bois de sapin. Chacune d'elles est pourvue d'une vaste cheminée dans laquelle on ne ménage pas le bois, pour peu qu'il fasse froid ou humide. Au fond de ces corridors est un large escalier, par lequel on accède aux corps de bâtiment réservés aux logements des visiteurs. Un peu plus loin, s'ouvrent, à gauche, la chapelle de famille, l'église, le réfectoire des pères, la cuisine, la dépense; à droite, les cellules des officiers de l'Ordre, dom vicaire, dom procureur, dom coadjuteur, dom sacristain, dom scribe; enfin, tout à fait au fond, l'habitation du révérend père général et la bibliothèque. Au-dessus de la porte des quatre réfectoires où se servent les repas des étrangers, on lit les noms de : Salle de Bourgogne, salle d'Aquitaine, salle d'Allemagne, salle d'Italie, parce qu'autrefois les prieurs des couvents de chacune de ces provinces, qui venaient assister au chapitre général, se réunissaient dans ces salles; ils logeaient, soit dans les cellules qui règnent tout autour, soit dans celles qui sont situées aux étages supérieurs.

La chapelle de famille est celle où assistent aux offices divins les frères, les ouvriers et les domestiques attachés au service des voyageurs ou de la maison. Le mot *famille* a conservé ici son ancienne signification qui comprenait, non seulement les parents, mais aussi les serviteurs, *famuli*.

L'église, dont la construction remonte à l'époque à laquelle le couvent fut rebâti, après l'incendie de 1474, est élégante, quoique simple; la voûte en est très-élevée. Avant la révolution, elle possédait un superbe autel en marbre blanc, qui avait été envoyé par la Chartreuse de Pavie, et de belles stalles. En 1807, on les a transportés à la cathédrale de Grenoble, où cet autel a depuis été remplacé par un autre donné par Mgr Philibert de Bruillard. Celui qu'on voit aujourd'hui dans l'église du couvent, est en bois doré. Il est l'ouvrage d'un Lyonnais, M. de Ferus, qui a passé les dernières années de sa vie à la Grande Chartreuse. De nouvelles stalles ont remplacé les anciennes. Les deux lampes d'argent et la grosse cloche proviennent des libéralités de quelques personnes pieuses. Les Chartreux seuls peuvent entrer dans l'église aujourd'hui. Autrefois, il n'en était pas ainsi. J'ai moi-même plusieurs fois assisté à l'office de la nuit, dans une stalle, à côté d'un de ces bons pères qui m'offrait de suivre les prières sur son livre. Cela n'est plus possible maintenant. Les étrangers ne sont admis que dans la tribune dont l'entrée est au commencement de la grande galerie des cartes. En avant de la partie de l'église consacrée aux pères est un espace carré garni de deux autels et de bancs en bois. C'est là que se placent les frères. Au-dessus de la cloison grillée qui sépare ce chœur de celui des pères, se voit un assez beau groupe représentant Notre-Dame des Sept-Douleurs. C'est un don de la veuve de Louis-Philippe, de la reine Amélie.

Le réfectoire des pères se compose d'une longue salle partagée en deux et revêtue de boiseries peintes en gris. La première partie est destinée aux frères, la deuxième aux pères. Au fond s'élève sur une estrade une table réservée au père général. Une chaire est adossée au mur de droite; c'est là que se place le père chargé de faire la lecture pendant le repas. Les tables sont toujours couvertes de leur nappe, sur laquelle se voient les divers ustensiles nécessaires. Les pères se réunissent dans cette salle deux fois par semaine et à certaines fêtes de l'année. Les autres jours ils mangent seuls dans leur cellule, ordinairement à dix heures et demie du matin et à cinq heures de l'après-midi. Même quand ils prennent leur repas en commun, le silence est de rigueur et, afin que personne n'ait de prétexte pour adresser la parole à son voisin, chacun a sa portion servie à part, son petit vase d'étain contenant du vin, son pot à eau, sa salière, etc., etc.

Les Chartreux jeûnent huit mois de l'année; leur collation du soir se compose alors de quelques onces de pain et d'un peu de vin. Tout aliment gras leur est interdit, même en cas de maladie grave. Un jour de chaque semaine ils vivent de pain et d'eau, sauf les cas particuliers. Ils portent constamment un cilice, enfin leur barbe est toujours complétement rasée, ainsi que leur tête; et cependant, malgré ces jeûnes, ces abstinences, ces longues veilles, ce sommeil interrompu chaque nuit, ce lit si dur, ces privations de toute sorte, ils sont rarement malades, et presque tous parviennent à une extrême vieillesse. Ils s'éteignent sans douleur, sans agonie pénible et, loin d'avoir besoin d'être encouragés et consolés dans ce redoutable moment, ce sont eux qui consolent leurs frères moins heureux qu'eux, car leur temps d'épreuves n'est pas encore fini.

La cuisine n'offre rien qui mérite d'être vu, si ce n'est une table composée d'un seul bloc de marbre de neuf mètres de longueur et une cheminée de proportions colossales.

Les cellules des officiers de l'Ordre sont situées, comme nous l'avons dit, à droite en entrant dans le corridor; elles sont d'une extrême simplicité. Un petit vestibule, une pièce carrée presque dépourvue de meubles et une dernière pièce où se trouvent un lit, une table, un prie-Dieu, quelques livres, un grand crucifix et une cheminée. Toutes se ressemblent. Un escalier en bois conduit à des chambres de domestiques qui se trouvent au-dessous.

L'appartement du Père général n'a rien qui le distingue des autres cellules, pas même un plancher, quoique le bois de sapin ne soit pas rare dans ces montagnes. Tout auprès est la bibliothèque qui contient plus de six mille volumes de littérature, d'histoire, de sciences, de voyages et de théologie. Les incendies et la révolution lui ont fait éprouver des pertes sensibles. Il s'y trouvait, avant 93, un grand nombre de manuscrits et de titres originaux qui ont été dispersés ou transportés à la bibliothèque de Grenoble. Au milieu de la salle est une ouverture ronde communiquant à une cave voûtée destinée à recevoir les livres en cas d'incendie. Les visiteurs peuvent encore remarquer les cinq énormes poutres qui soutiennent le plafond et qui proviennent toutes du même sapin.

En dessous de la bibliothèque, se trouve encore une jolie petite chapelle où le Révérend Père dit habituellement sa messe. On y remarque un assez beau tableau, et surtout un autel fait en entier avec des racines de différents arbres. C'est une mosaïque très-curieuse et qui vaut la peine d'être vue; mais on n'obtient pas facilement l'autorisation de la visiter.

De la tribune de l'église on entre dans la galerie des cartes, fermée par une grille en bois. Il y a maintenant de ces grilles partout. Il n'y en avait pas autrefois, comme je l'ai déjà dit, tous les passages étaient ouverts; mais tous n'ont pas su respecter ce touchant abandon des religieux qui se mettaient, ainsi que leur maison, à la discrétion des visiteurs. Cette galerie contient un grand nombre de vues ou plans des anciennes maisons de l'Ordre. Ce ne sont pas, en général, des chefs-d'œuvre de dessin ou de peinture, néanmoins elles sont curieuses à voir.

A l'extrémité de cette galerie est la salle du chapitre général, celle dont le couvent est le plus fier, et avec raison. Elle est remarquable par son étendue et la hauteur de son plafond, autour duquel sont rangés les portraits des cinquante premiers généraux de l'Ordre depuis saint Bruno. Le nom de chacun et la date de sa mort sont indiqués dans un médaillon placé au-dessous. Un peu plus bas sont placés vingt-deux beaux tableaux, dont les originaux existent au musée du Louvre. Ils représentent les principales circonstances de la vie de saint Bruno. Je vais ici indiquer en quelques mots le sujet de chacun, les voyageurs ne connaissant pas en général la vie de saint Bruno et se trouvant tous embarrassés en présence de ces peintures si remarquables.

Les trois premiers retracent la légende de ce docteur Diocrès, réputé saint pendant sa vie, et qui, lors de ses funérailles, se relève par trois fois pour annoncer qu'il est accusé, qu'il est jugé, qu'il est condamné par le juste jugement de Dieu.

4ᵉ Méditation de saint Bruno que ce spectacle a atterré. C'est un des meilleurs.

5ᵉ Saint Bruno annonce à ses disciples son projet de se retirer dans la solitude.

6ᵉ Départ de saint Bruno.

7ᵉ Trois anges lui apparaissent pendant son sommeil.

8ᵉ Saint Bruno et ses compagnons distribuent leurs biens aux pauvres.

9ᵉ Arrivée de saint Bruno à Grenoble.

10ᵉ Il part pour le désert de la Grande-Chartreuse ; saint Hugues l'accompagne.

11ᵉ Il examine le plan du monastère projeté.

12ᵉ Il reçoit de saint Hugues l'habit de saint Benoît.

13ᵉ Le pape Victor III approuve le nouvel Ordre.

14ᵉ Saint Bruno donne l'habit de son Ordre à un novice.

15ᵉ Il reçoit le bref du pape Urbain II qui l'appelle à Rome.

16ᵉ Il se présente devant le pape.

17ᵉ Il refuse l'archevêché de Reggio.

18ᵉ Saint Bruno dans les déserts de la Calabre.

19ᵉ Le comte Roger visite saint Bruno en Calabre.

20ᵉ Saint Bruno apparaît en songe au comte Roger et lui découvre une conspiration tramée contre lui.

21ᵉ Mort de saint Bruno. C'est le chef-d'œuvre de la collection.

22ᵉ Apothéose de saint Bruno.

Ces tableaux ont été peints par Lesueur dans la Chartreuse de Paris, aujourd'hui démolie. A la suite d'un duel, dans lequel il avait eu le malheur de tuer son adversaire, Lesueur avait trouvé un asile dans cette sainte maison. Ces tableaux, qui ont mis le comble à sa réputation, lui furent inspirés par la reconnaissance. Il y consacra trois années de sa vie. Atteint d'une maladie mortelle, il revint mourir, en 1655, à l'âge de trente-huit ans, dans cette retraite qui lui avait offert, avec une généreuse hospitalité, un refuge contre les orages de son propre cœur. Cette copie de ce qu'on a appelé le *cloître* de Lesueur a été, dit-on, peinte sous ses yeux et retouchée par lui. Pendant la révolution, ces tableaux ont figuré au musée de Grenoble; ils ont été rendus aux Chartreux en 1821. Enfin, au-dessous d'eux règnent des bancs destinés aux pères qui assistent aux assemblées capitulaires. Le siége destiné au Père général est surmonté d'une grande et belle statue de saint Bruno, ouvrage de M. Foyatier, de Lyon. Elle a trois mètres de haut. A la place de cette statue se voyait, avant la révolution, un superbe Christ mourant, de Philippe de Champagne, transporté, en 1792, au musée de Grenoble où il est resté depuis. A la suite de cette salle, il en existe une autre où l'on a continué les portraits des généraux de l'Ordre et où se voient encore quelques tableaux remarquables, entre autres celui qui rappelle les traits du célèbre cardinal de Bourbon, oncle de Henri IV, que la ligue proclama roi de France sous le nom de Charles X et qui, quelques jours après, renonça lui-même à cette ridicule royauté.

De là, on arrive dans le grand cloître par un passage décoré de deux cartes topographiques, représentant le désert de la Chartreuse. Le grand cloître forme un carré long éclairé par cent trente fenêtres et suivant un plan un peu incliné. Deux longs corridors parallèles règnent de chaque côté ; l'un, plus étroit que l'autre, bombe légèrement dans le milieu, par suite de la disposition du sol. Chacun a deux cent vingt mètres de longueur et, aux détails de la voussure, on reconnaît qu'ils datent de deux époques différentes. La partie la plus ancienne, qui est du style gothique, remonte aux premières années du XIII⁰ siècle. Commencée par saint Anthelme, septième général de l'Ordre, elle fut achevée vers le XVᵉ siècle, grâce aux dons généreux de Marguerite, duchesse de Bourgogne. La partie la plus moderne est du XVIIᵉ siècle. Deux personnes, placées à chaque extrémité, se distinguent à peine. Cinquante cellules s'ouvrent le long de ces immenses corridors. Sur la porte de chacune d'elles on lit une devise latine ou française, parfois d'un laconisme saisissant, comme celle-ci : *Fuge, late, tace*, qui résume si bien en trois mots la vie du Chartreux dans le désert. A côté de chaque porte est un guichet, muni d'un tour par lequel on fait parvenir à l'habitant de la cellule son modeste repas.

J'ai visité plusieurs fois quelqu'une de ces cellules. Elles sont toutes construites et distribuées de la même manière. Au rez-de-chaussée est une grande pièce qui sert de bûcher et d'entrepôt pour les outils du jardinage; au premier étage, une espèce d'antichambre et une chambre garnie d'un prie-Dieu, d'une table, d'un poêle en fonte, de deux chaises de bois et de deux ou trois planches, sur lesquelles est jeté un sac rempli de paille, qui, avec quelques couvertures de laine, forme un lit peu sensuel, mais sur lequel cependant les Chartreux dorment d'un sommeil que plusieurs d'entre eux n'ont pas toujours trouvé sur un lit plus moelleux. Au-dessus, se trouve un galetas qui ne sert à rien. Au-devant de cette petite habitation, s'étend un jardin de quelques mètres carrés. Quelques-uns de ces jardins sont garnis, au mois d'août, des plus jolies fleurs. Une tonnelle existe dans presque tous; une vigne en espalier tapisse les murs; les allées sont bien sablées, et un buis vert en encadre les plates-bandes. Simple et modeste délassement du Chartreux, le soin de ces fleurs charme les instants qui ne sont pas consacrés à la prière. Qui sait, d'ailleurs, les souvenirs qu'elles peuvent lui rappeler ! D'autres, au contraire, sont recouverts par les ronces et les orties. La vigne, jadis souriante, laisse retomber ses longs bras, et la tonnelle est effondrée. C'est que celui qui la cultivait a perdu ses forces, l'âge a affaibli son bras, et il a dit adieu à ses chères plantes. Quelques pères s'occupent dans leur cellule d'ouvrages faits au tour, et ils fabriquent ces boîtes qui renferment les bouteilles d'élixir. J'ai vu de petits nécessaires de dames confectionnés par un père ; d'autres écrivent ; le plus grand nombre prie et rêve. Il est assez difficile d'obtenir la permission de pénétrer dans une de ces cellules, et ce n'est que quand les pères sont à l'office que cette visite peut avoir lieu. Il y a quelque chose d'émouvant dans cet humble et pauvre intérieur, quand on songe surtout qu'il est peut-être habité par un homme qui a connu autrefois toutes les jouissances du monde, tous les bonheurs du luxe; quand on pense aussi aux affreuses douleurs qui l'ont amené là et qui l'y feront mourir étranger désormais à tous ceux qui l'ont aimé et qu'il a souvent pleurés en secret. Mais il ne faut pas oublier que la confiance que Dieu inspire augmente avec le besoin que l'on a de lui. Il y a quelquefois dans la vie de terribles moments où l'excès du malheur donne une voix puissante à la religion, et où la terre n'offrant plus de ressource contre le désespoir, on a besoin de tout attendre du ciel pour pouvoir supporter l'existence.

Au milieu du grand cloître est placé le cimetière des pères; ils ne creusent point eux-mêmes leur fosse, comme les trappistes, mais de leur cellule à leur tombe il n'y a qu'un pas. Rien ne relève le froid et triste aspect de ce lieu; pas un monument, pas une simple pierre portant un nom ou une date, pas même une fleur. Les tombes des généraux de l'ordre sont seules distinguées par une croix de pierre; le gazon couvre les autres et il ne reste plus rien de ceux qui y ont été ensevelis, ni trace, ni souvenir. Qui pourrait, d'ailleurs, venir y prier! N'avaient-ils pas, avant de s'enfermer dans ce cloître, dit adieu à tout et à tous, et n'étaient-ils pas depuis longtemps oubliés par ceux qu'ils avaient laissés derrière eux !

Non loin du cimetière est la chapelle des morts, petite et simple. Elle a été fondée en 1382 par un évêque de Grenoble. Au-dessus de la porte, on voit dans une niche une statue de marbre représentant la Mort sous la forme d'un squelette de femme. Cette statue, que l'on dit être un don de M. de Châteauvillard, n'est pas sans quelque mérite dans l'exécution. A gauche de l'autel, est une trappe qui, en s'ouvrant, donne accès dans un caveau qui a près de trois mètres carrés de superficie. En 1855, l'un de ceux qui m'accompagnaient, aidé par les autres, y descendit. Il y trouva un certain nombre de têtes de mort et d'ossements rongés par le temps. Il nous fit passer un de ces crânes qui était verdâtre. On dit que ce sont les restes des premiers Chartreux morts dans le désert avant la construction du monastère sur l'emplacement qu'il occupe aujourd'hui, et qui avaient été ensevelis près de la chapelle de Notre-Dame de Casalibus. Je ne m'explique pas que ces restes soient épars sur la terre, au fond d'un caveau mortuaire, au lieu d'être renfermés dans des cercueils. D'ailleurs, on ne peut plus aujourd'hui pénétrer dans ce caveau. La planche qui le recouvrait ayant cédé sous le pied d'un père qui se disposait à dire sa messe, un accident faillit arriver. On a dès lors condamné l'ouverture de cette espèce de tombe.

Un peu plus bas, et du côté opposé, est la

chapelle de Saint-Louis, qui est éclairée par le haut; elle a été fondée par Louis XIII, qui donna à cet effet au couvent une somme de trente mille livres, somme considérable pour ce temps. On y remarque de jolies petites statues représentant Moïse, David, et les grands prophètes, et une mosaïque assez remarquable, au devant de l'autel de chaque côté duquel est représenté un Chartreux en prières. Les peintures et les tableaux qui décorent cette chapelle ont une certaine valeur. Une messe y est célébrée tous les ans pour le repos de l'âme de son fondateur.

On peut demander encore à visiter une chapelle qui contient un grand nombre de reliques renfermées dans des reliquaires de toute forme. On y remarque surtout une épine de la sainte couronne donnée au couvent par saint Louis. A côté, est la sacristie placée dans une partie de l'ancienne église. Les ogives et les autres ornements qui décorent cette pièce indiquent sa première destination. Les chappes, chasubles, etc., sont renfermées dans de grands tiroirs. Il y a surtout une chasuble tellement chargée d'ornements en or que son poids en

rend l'usage presque impossible. C'est un **don**
d'une personne pieuse.

Cette visite dure, comme nous l'avons dit,
près d'une heure et demie employée à regarder, à interroger, à écouter les explications
et les renseignements donnés avec bonté et
empressement. Si une question ou une réflexion un peu déplacée échappe au visiteur, qui
ne se souvient pas toujours assez qu'il est dans
un monastère, un sourire et parfois un air de
tristesse, qui se répand sur la figure du père
qui accompagne, indiquent bien vite que l'on
s'est oublié. Du reste, jamais un mot de reproche, jamais une expression dure et emportée ; la politesse la plus exquise, la douceur
la plus chrétienne, les manières les plus affables, voilà ce que l'on est sûr de trouver toujours. Aussi, on ne sait ce qu'on doit le plus
admirer du monastère ou de ses habitants.
C'est véritablement l'hospitalité comme la pratiquaient les anciens, pour lesquels un hôte
était quelque chose de sacré.

Les dames ne sont point admises dans l'intérieur du couvent. Mais où ne pénètrent-elles
pas, et quel attrait n'a pas pour elles le fruit

défendu? Il est arrivé plus d'une fois que, sous des vêtements d'homme, il s'en est glissé au-delà de cette redoutable porte. Quand on s'en est aperçu, on les a poliment priées de sortir, en leur faisant comprendre avec bonté ce que leur démarche avait de pénible pour la maison. Il y a une quinzaine d'années, une grande dame voulut entrer, en se targuant de son nom et de ses quartiers de noblesse. La porte ne s'ouvrit pas et on lui répondit, pour s'en débarrasser, qu'il fallait, pour laisser entrer une femme, la permission du pape. La dame n'était pas habituée à céder. Elle partit immédiatement pour Rome et obtint facilement une audience du Saint-Père. Celui-ci l'écouta avec bonté et lui accorda la permission qu'elle désirait si vivement, mais à la condition que l'évêque de Grenoble ne s'opposerait pas à la visite. La dame revint triomphante. Elle pensait déjà au bruit que ferait son entrée dans cette maison, jusqu'alors fermée à toutes les personnes de son sexe. Arrivée à Grenoble, elle vola à la Grande-Chartreuse. Là on lui fit observer que l'évêque n'avait pas donné son approbation, comme le portait la condition contenue dans la permission du Saint-Père. Il lui fallut revenir à Grenoble, croyant n'avoir qu'une formalité à remplir, car l'évêque n'allait pas annuler une permission du pape. Il l'annula cependant, et la dame fut obligée de s'en revenir à Paris, fort dépitée, dit-on. Mais si le couvent est fermé aux dames, elles sont admises à l'infirmerie, bâtiment assez spacieux qui est situé à cinquante pas du monastère. Là, elles reçoivent de personnes de leur sexe tous les soins dont elles peuvent avoir besoin Si elles sont venues en compagnie de parents ou d'amis, ceux-ci prennent leurs repas avec elles à l'infirmerie; mais, le soir, chacun est tenu de se séparer. Le Père général va souvent s'informer par lui-même si les dames sont bien servies et si rien ne leur manque. Le bâtiment de l'infirmerie est composé d'un rez-de-chaussée et de deux étages. Il contient quarante-cinq lits. Il y a deux salles à manger. Autrefois, on avait l'habitude d'enfermer les dames sous clef quand neuf heures du soir avaient sonné, et on ne leur ouvrait que le lendemain matin à six heures. Depuis que deux sœurs ont été établies à l'infirmerie, cet usage n'existe plus.

A un angle du mur d'enceinte, en montant vers le bois, une chapelle, dite de St-Sauveur, a été restaurée depuis une quinzaine d'années, spécialement pour procurer aux voyageuses l'avantage d'entendre la messe. Il s'en dit en effet plusieurs chaque matin dans cette chapelle et, comme elle s'ouvre sur le chemin qui fait le tour du monastère, les hommes et les femmes peuvent y entrer.

L'Ordre des Chartreux est gouverné par un supérieur général qui ne porte pas d'autre titre que celui de Révérend Père ou Père général. Il est nommé par les religieux seuls de la Grande-Chartreuse. Les autres maisons choisissent leur supérieur qui a le titre de prieur ou vénérable. Le Révérend Père nomme à tous les offices de la maison et opère à son gré, parmi les dignitaires, les changements qu'il juge convenables. Ces dignitaires sont : dom vicaire, qui remplace le supérieur quand il est malade ou absent ; dom procureur, qui s'occupe des affaires du dehors : c'est l'économe du couvent, il surveille les différentes fabriques, vend les produits des terres qui appartiennent à la maison et règle les comptes d'achats ou de dépenses ; dom coadjuteur, qui est spécialement chargé de tout ce qui concerne les étrangers ; dom sacristain, qui a dans ses attributions tout ce qui est relatif aux cérémonies et aux objets du culte divin, et enfin dom scribe, c'est le secrétaire du Révérend Père. Ces charges ne dispensent nullement des devoirs de la règle, excepté du silence, et ceux qui les exercent ne peuvent qu'en cas de force majeure s'absenter des offices.

Le Révérend Père n'a rien dans son costume qui le distingue des autres religieux. Tous lui doivent une obéissance absolue. Il a la haute administration, non seulement de la Grande-Chartreuse, mais encore des intérêts de l'Ordre entier. Il a, ainsi que les autres officiers de la maison, la faculté de s'entretenir avec les étrangers et même avec les dames. Le Révérend Père actuel, qui se nomme Casimir Mortaise, porte en religion les noms de dom Jean-Baptiste. Il est né à Tarascon, chef-lieu de canton du département de l'Ariége. Depuis trente-six ans il exerce les fonctions de supérieur général, et il a été constamment réélu à toutes les réunions du chapitre général.

C'est un homme d'une simplicité et d'une douceur charmantes. Plein d'esprit, tout en s'efforçant de le dissimuler ; sa parole console en riant et son abord prévient en sa faveur. Tout le monde l'aime, non seulement au couvent, mais encore dans les environs où sa bienfaisance inépuisable soulage tous les jours bien des infortunes.

Comme la Grande-Chartreuse est le berceau et en même temps la maison-mère de l'Ordre, c'est aussi là que se réunit, tous les trois ans, le chapitre général, qui se compose des prieurs de toutes les Chartreuses existantes et des officiers de la Grande-Chartreuse. Chaque prieur, et le général lui-même, sont tenus de donner leur démission, ce qui s'appelle demander miséricorde, et tous doivent recevoir leur confirmation dans leurs fonctions. Ce chapitre s'assemblait autrefois chaque année, à cause du grand nombre d'affaires à régler. Aujourd'hui que le nombre des maisons de l'Ordre est très-restreint, le chapitre général se réunit plus rarement. Les prieurs y rendent compte de l'état de leur maison ; les affaires s'y règlent en commun, et l'on s'y occupe de tout ce qui intéresse la discipline et la dignité de l'Ordre.

Les Chartreuses qui existent encore en Europe sont : en France, celle de Beauregard, près de Voiron (c'est la seule maison de femmes que l'Ordre possède aujourd'hui : avant la révolution il y en avait cinq); celles de Valbonne, près du Pont Saint-Esprit ; de Bosserville, près de Nancy ; de Mougères, près de Pézenas ; de Mont-Rieux, près de Toulon. En Suisse, celles de la Part-Dieu, dans le diocèse de Lausanne, et d'Ittengheim, près de Constance. En Italie, celle de Pavie, où François Ier fut détenu après sa défaite ; celles de Pise, de Florence, de Rome, de Naples, de Turin, du Trisulti, dans la campagne de Rome ; de la Padule, près de Salerne.

Celui que la vocation appelle à être chartreux doit adresser une demande au Révérend Père. On l'examine d'abord avec soin, et si sa vocation semble probable, s'il a fait les études convenables, on le met en cellule et il prend le nom de postulant. Dès lors il est admis à assister aux offices en habit ordinaire et revêtu d'un manteau. Il est tenu d'observer les règlements de la maison.

Cette première épreuve dure un mois. Ensuite il est proposé à la communauté pour la prise d'habit. Si son admission est prononcée, il revêt le costume de l'Ordre et commence son noviciat.

Cette seconde épreuve dure deux ans. Quand sa fin approche, si la vocation du novice paraît certaine, il demande à tous les religieux assemblés d'être admis à faire profession. Cette demande est renouvelée à diverses reprises, et enfin il prononce ses vœux, un jour de fête, à la messe conventuelle. Il prend alors le nom de père.

On appelle *frères* de simples laïques reçus dans l'Ordre pour s'occuper des travaux de la maison, soit au dedans, soit au dehors. Les voyageurs se souviennent toujours du frère Jean-Marie, botaniste aussi savant que modeste, qui a été si longtemps chargé de recevoir les étrangers, et dont le zèle, la douceur, la gaieté, la complaisance, ont laissé de profonds regrets à ceux qui l'ont connu. Il est dignement remplacé aujourd'hui par le frère

Jérosime, qui a hérité de toutes ses qualités et de l'affabilité duquel les voyageurs n'ont qu'à se louer.

Les frères se divisent en *donnés* et *convers*. Les frères donnés peuvent se retirer quand ils le désirent ; on peut aussi les congédier. Les jours de fête ils portent l'habit blanc, les autres jours une robe brune. Les frères convers sont liés par des vœux ; ils portent le même habit que les pères, la barbe longue et la tête rasée. Les frères assistent aux offices autant que leurs occupations le leur permettent. Ils viennent à l'office de nuit chaque jour pendant l'hiver, les jours de fête seulement pendant l'été.

Les Chartreux se lèvent à cinq heures et demie. Ils se rendent à l'église : à cinq heures trois quarts pour l'office de prime, à huit heures pour l'office de tierce et la grand'-messe, à dix heures pour l'office de sexte, à onze heures pour l'action de grâces qui suit leur repas, à midi et quart pour l'office de nones, à deux heures trois quarts pour les vêpres. A six heures du soir, ils disent complies en cellule et se couchent à six heures et demie. A onze heures ils disent en particulier l'office de matines et se réunissent à l'église à onze heures trois quarts. Les jours de fête ils s'y rendent une heure plus tôt ; l'office se termine à deux heures. Ils disent ensuite l'office de la Vierge, en cellule, et se couchent vers trois heures. Après la grand'messe, chacun va dire la sienne dans les chapelles particulières. La messe conventuelle a quelque chose d'imposant et de solennel. Tous les pères et les frères y assistent. Chacun, en entrant dans l'église, sonne la cloche, puis se prosterne devant l'autel et gagne sa stalle. Le père qui doit célébrer la messe se couche, la face contre terre, au pied de l'autel et, son adoration faite, au lieu de revêtir ses ornements sacerdotaux dans la sacristie, il s'habille à l'autel même. La messe est servie par un religieux revêtu d'un large manteau blanc. Le *Confiteor* offre quelques différences avec celui communément adopté. Le *Gloria* et le *Credo* sont chantés par l'assistance entière, et non par versets alternatifs. Au milieu du *Credo*, tous les religieux se prosternent en se couchant sur le côté droit. A l'élévation, le prêtre officiant n'élève pas le calice et, après l'*ite missa est*, la messe est terminée, il n'y a ni bénédiction, ni dernier évangile. La communion se donne encore chez les Chartreux d'une manière particulière. Les communiants reçoivent d'abord l'hostie, puis se passent une coupe dans laquelle est du vin, usage que l'église catholique romaine a depuis longtemps abandonné. Dans ce moment, tous les assistants se prosternent de nouveau.

Le dimanche et les jours de fête, les Chartreux prennent leur repas tous ensemble dans le réfectoire dont nous avons parlé; ces jours-là ils prennent aussi une récréation en commun et, une fois par semaine, sans que le jour soit bien déterminé, ils font dans le désert, dont ils ne doivent pas franchir les limites, une promenade qui dure à peu près trois heures. Ils passent le reste du temps dans leur cellule, où ils se livrent, soit à la prière, soit à des lectures pieuses, soit aux travaux manuels dont j'ai parlé en décrivant l'intérieur d'une cellule. Ils ne peuvent recevoir de visites sans la permission du Révérend Père. Ils se couchent chaque soir, comme je l'ai dit, à six heures et demie et se lèvent vers onze heures pour l'office, après lequel ils se couchent de nouveau jusqu'à cinq heures et demie du matin. Cet office de la nuit dure un peu plus de trois heures ; une partie est récitée par chaque chartreux dans sa cellule, l'autre par tous ensemble à l'église. C'est un spectacle qui cause toujours une émotion profonde que ces chants et ces prières la nuit. Tous les religieux, les pères en habits blancs, les profès en robes noires, arrivent un à un portant une petite lanterne. Ils se rangent silencieusement dans leurs stalles. Bientôt ils commencent à psalmodier sur un ton lent et triste. De temps en temps ils cachent leur lanterne ; une obscurité presque complète règne alors dans l'église. Tous s'étendent à terre dans leur stalle ; on dirait que la mort a passé sur eux ; le silence qui règne est effrayant. Peu à peu chacun se relève, les lanternes reparaissent et les prières s'achèvent. On ne peut plus assister à ces offices que de la tribune, comme je l'ai déjà dit, mais on en revient vivement touché et l'on en conserve longtemps une impression de douce et rêveuse tristesse. En effet, le sentiment religieux unit intimément les hommes entre eux. Prier ensemble, dans quelque langue que ce soit, c'est la plus touchante fraternité d'espérance et de sympathie que l'on puisse contracter sur cette terre.

Le costume des Chartreux consiste en une culotte de laine, des bas et un gilet de même étoffe. Ils ne portent pas de chemise de toile et n'usent pas de ce qu'on appelle linge de corps. Par-dessus la culotte et le gilet ils portent une longue robe blanche, en laine, à larges manches et serrée par une ceinture. Par-dessus cette robe ils jettent une espèce de dalmatique que termine un capuchon. A la ceinture de leur robe pend un chapelet à gros grains. De forts souliers complètent leur habillement. C'est le costume que portaient les anciens, que nos pères avaient conservé jusques vers le XIVe siècle et qui depuis a bien changé pour nous. Pour eux tout est demeuré stable : les caprices de la mode n'ont pas eu de prise sur leurs vêtements. Les statuts de leur Ordre n'ont pas varié davantage, et c'est avec raison qu'on en a dit : *Cartusia nunquam reformata, quoniam nunquam deformata.*

Un usage touchant existait autrefois à la

Grande-Chartreuse. Au moment du départ d'un étranger, on lui présentait un album sur lequel il était prié d'écrire son nom, comme souvenir de sa visite. Quelques-uns, outre leur nom, y inscrivaient des vers, des pensées religieuses, de gracieux dessins, et souvent de charmantes inspirations y ont été le gage de l'hospitalité donnée et reçue. Ce recueil, que j'ai vu plusieurs fois, a été supprimé en 1830. Des gens pour qui rien n'est sacré, pas même la religion et le toit d'un hôte, prenaient plaisir à y inscrire des impiétés et des injures à l'adresse de ceux qui les accueillaient avec tant de bonté. Souvent il a fallu déchirer des feuillets ou rappeler au devoir, par quelques lignes tristes et sévères, ceux qui s'oubliaient ainsi. Enfin, le Révérend Père a pris le parti de supprimer l'album, et il s'est montré sourd à toutes les instances qui lui ont été faites pour le rétablir.

Je vais citer quelques-unes des idées touchantes ou originales qui se lisaient dans cet album. Le premier nom qui se présente est celui d'un Anglais qui nous apprend naïvement qu'il va à Florence. On a écrit en-dessous : Bon voyage.

Deux Lyonnais ont mis à la suite de leur nom ces lignes : « Nous conservons dans nos cœurs, nous portons dans nos familles le souvenir de vos édifiantes vertus. »

Un Anglais a écrit en vers de son pays :

Quel bonheur de vivre ainsi caché et inconnu, de mourir sans coûter une larme, et de quitter le monde sans qu'une pierre même dise où l'on repose.

La pluie a inspiré à un pharmacien les cinq vers suivants :

Vous que la botanique invite
A venir visiter ces lieux,
Je vous souhaite un sort plus heureux
Que d'être bien mouillés pendant cinq jours de suite.

Le directeur d'une compagnie d'assurances nous associe à sa déconvenue en ces termes :

Le 8 novembre 1829, je suis venu visiter les pieux habitants de ces vastes édifices qui, malheureusement, ne veulent être assurés que contre les peines éternelles.

Un mauvais plaisant a osé écrire :

Quitter le monde pour le cloître, quand on est jeune, c'est prendre son bonnet de nuit et se mettre au lit dès le matin.

Enfin, une femme a laissé ces quelques vers si remplis d'esprit et de grâce :

> Tout m'enchante en ce lieu paisible,
> Tout me dit qu'on y vit heureux :
> Ces noirs sapins, ces abîmes affreux,
> A mes yeux n'ont rien de terrible,
> Et j'aimerais le sort des bons Chartreux.
> Mais un seul point vient ralentir ma flamme :
> Ce silence éternel glace mon cœur d'effroi ;
> Lecteur, tu devines pourquoi,
> C'est que je suis .... une femme.

J'invite aussi le voyageur à visiter une belle allée complantée en arbres séculaires et qui se trouve derrière les bâtiments du couvent, non loin du chemin qui conduit à la Courrerie. Ils y remarqueront un hêtre énorme, dont les deux principales branches ont été étendues de manière à former une croix gigantesque. Les Chartreux ont fait placer là des bancs. Ce lieu est on ne peut plus solitaire et désert. Les arrivants, les importuns n'y viennent pas troubler le bonheur de la rêverie. A droite et à gauche, des bois, derrière, le monastère, et au-devant, une prairie couverte de fleurs. On s'y croirait à mille lieues du monde, si la cloche du couvent ne venait par moments faire ressouvenir qu'on n'est pas seul dans cette solitude.

Disons, pour terminer ces pages, que le lecteur trouvera peut-être bien longues, que l'on fabrique à la Grande-Chartreuse un élixir végétal qui est un remède souverain dans un grand nombre de maladies; trois espèces de liqueurs très-estimées, la verte, la jaune et la blanche ou mélisse, qui est la plus douce. Ces liqueurs sont faites avec les plantes aromatiques qui croissent en abondance dans ces montagnes. Il entre surtout dans leur composition de petits œillets rouges, de la mélisse, de l'absinthe et aussi, dit-on, des premiers bourgeons de sapins. Du reste, la recette de cette composition est la propriété des Chartreux. On y fabrique également une pâte minérale, connue sous le nom de *boule d'acier*, excellente pour guérir les coupures, les contusions, foulures, etc., et que vantent ceux qui en ont pu apprécier les effets ; enfin, une eau balsamique pour calmer les douleurs des dents, en prévenir et arrêter la carie.

La visite de la maison terminée, on peut profiter du temps qui s'écoulera jusqu'au souper pour faire quelques promenades aux environs, à l'allée dont je viens de parler, au pavillon que l'on a déjà vu la veille et dont l'avenue est si jolie, ou dans les grands bois de sapins qui entourent le monastère. On fera bien aussi de choisir ce moment pour faire l'emplette de quelque souvenir de la Chartreuse, comme une médaille, un chapelet, une petite statuette de saint Bruno, un plan de la maison, etc. On trouvait autrefois chez le portier une grande quantité de ces petits objets, dont le principal mérite est de rappeler un voyage fertile en douces émotions. C'est aujourd'hui le frère Jérosime qui est chargé de cette vente dans une des salles à manger de la maison. Là aussi on pourra acheter de l'élixir ou de la liqueur. Cependant, je ne conseille pas au voyageur de se charger de ces derniers objets, toujours assez pesants et fort gênants pour la marche, d'autant plus qu'il trouvera à Grenoble, à Voreppe, à Voiron, dans les dépôts que la Chartreuse y a établis, ces liqueurs presque au même prix.

Vers sept heures, le souper est prêt, l'appétit fait rarement défaut après la course de la journée; on s'étonne de manger avec tant de plaisir ces aliments maigres que l'on dédaignerait ailleurs, de savourer ce vin qui ne vaut pas celui de Bourgogne : c'est que l'air de la montagne est meilleur que celui de la ville et que le contentement que l'on éprouve fait passer sur les sensualités qui manquent.

Le souper fini, on revient respirer, comme la veille, le bon air du soir, écouter encore le son de la cloche résonnant dans le silence du désert. Je ne sais pourquoi ce tintement cause toujours une vive impression, à cette heure surtout. Puis on va retrouver sa cellule et un sommeil qui ne se fera pas attendre.

Le lendemain matin, dès six heures, on déjeune (1), on paie la note de la dépense faite.

---

(1) Il faut avoir soin cependant de ne pas se trouver à la Grande-Chartreuse un jour de Quatre-Temps ou

note à laquelle il est d'usage d'ajouter une légère rétribution, comme offrande au couvent. Enfin, on prend congé de ses hôtes, on franchit une dernière fois la grande porte, et l'on part en jetant un coup-d'œil de regret sur cette maison hospitalière et ce désert si paisible.

Si l'on revient par Saint-Laurent du Pont, il est inutile de se charger de provisions, car on trouve dans ce bourg de quoi bien dîner ; mais si l'on préfère prendre la route du Sappey, on fera bien de garnir, à la Chartreuse, son carnier de pain, de fromage, de ce qu'on pourra se procurer pour faire, au milieu du jour, un repas dans la forêt de Portes, repas peu substantiel, mais qui, faute d'autre chose et avec l'aide de ce qui restera des provisions apportées en venant, soutiendra les forces jusqu'à Grenoble.

---

la veille d'une grande fête. Ces jours-là sont jours de jeûne, et l'on ne sert rien aux étrangers avant midi. Cependant, en s'adressant au Père général, on en obtient une autorisation qui, motivée sur la fatigue du voyage, est toujours accordée avec une gracieuse affabilité.

Nous allons maintenant décrire les autres routes par lesquelles nous avons dit que l'on pouvait arriver au monastère et au désert de la Grande-Chartreuse.

ROUTE DE LA GRANDE-CHARTREUSE.

Par Voreppe, St-Laurent du Pont et Fourvoirie.

—

Pour se rendre à la Grande-Chartreuse en partant de Voreppe et passant par St-Laurent du Pont et Fourvoirie, il faut, ou coucher à Voreppe ou prendre le train qui part de Grenoble à 5 heures 29 minutes du matin et arrive à 6 heures : de la gare au bourg la distance est d'un kilomètre environ. Les mêmes précautions que nous avons déjà indiquées pour le trajet par le Sappey ne doivent pas être négligées. Seulement, comme on pourra déjeuner à Saint-Laurent du Pont et dîner à la Grande-Chartreuse, il n'est pas besoin d'emporter autant de provisions, quoique cependant celles-ci soient toujours nécessaires pour le déjeuner à moitié chemin du Grand-Som et pour le retour par le Sappey.

Arrivé à 6 heures à Voreppe, le voyageur pourra s'y arrêter quelques instants, soit afin d'y demander une tasse de café qu'il n'aura pas pu prendre en partant de Grenoble, soit afin de visiter le bourg et de s'y procurer une voiture ou un mulet et son conducteur. La route n'est pas difficile à suivre, mais elle est longue et offre peu d'intérêt jusqu'à Saint-Laurent du Pont. Il n'est donc pas très-important de la suivre à pied et, quand on peut, sans inconvénient, éviter de la fatigue, il est toujours bien de le faire. Cependant, je recommanderai au touriste, s'il prend une voiture, de la choisir découverte, pour ne pas se priver de l'aspect des pays qu'il traversera. Le parapluie qu'il a dû emporter le garantira des rayons du soleil, s'il y est exposé, et ne le privera ni de l'air pur, ni de la vue du ciel et des montagnes. Rien n'est triste en voyage comme d'être renfermé dans une caisse.

Voreppe tire son nom de la réunion des deux mots latins : *Vorago Alpium*, *ouverture des Alpes*. C'était autrefois une ville, ce n'est plus maintenant qu'un bourg qui renferme une population de trois mille âmes. Il est situé au pied des Alpes, à l'ouverture de la grande et riche vallée du Graisivaudan, dont nous avons déjà parlé. Deux rochers escarpés s'élèvent à son entrée et forment une espèce de défilé auquel Voreppe doit son nom. L'un, sur la rive gauche de l'Isère, au couchant, est la Dent de Moirans, ainsi nommé du village de Moirans situé dans la plaine qui s'étend à ses pieds. C'est de son sein que s'extrait la pierre blanche de l'Echaillon dont on fait un si grand usage dans les constructions nouvelles de Grenoble. L'autre, sur la rive droite, au-dessus même de Voreppe, au nord, se nomme le pic de Chalais. Sur sa cime la plus haute brille une croix qui s'aperçoit de très-loin et qui a remplacé un petit pavillon que l'ancien propriétaire du couvent de Chalais, M. F. Sappey, avocat, avait fait construire. Ce couvent, d'abord abbaye de Bénédictins fondée, en 1110, par le dauphin Guigues III et sa femme Mathilde, deux cents ans plus tard dépendance de la Grande-Chartreuse, vendu comme bien national en 1791, enfin maison de Dominicains, depuis le mois de mars 1844, époque à laquelle il a été acheté par le Révérend Père Lacordaire, mérite d'être visité avec soin. Nous y conduirons plus tard le voyageur. Le pic de Chalais fait partie des Balmes de Voreppe, dans l'intérieur desquelles existe, dit-on, une longue galerie souterraine qui aurait jadis servi de retraite à quelques débris des bandes sarrasines, lors de leur expulsion du Dauphiné par l'évêque Isarn.

La position de Voreppe en fait la clé de la plaine de Grenoble et du haut-Dauphiné. C'est à Voreppe qu'aboutissent la plupart des routes qui, soit du nord, soit du midi, se dirigent sur Grenoble. La plaine qui s'étend au-devant est d'une admirable fertilité. Toutes les productions de la terre s'y succèdent avec les saisons. La culture y est parfaitement entendue. Le torrent qui traverse le bourg s'appelle la Roize. Il descend des montagnes de Chalais contre lesquelles s'appuie Voreppe. Dans certains endroits, le lit de ce torrent est d'une grande largeur. Il est à sec presque toute l'année, mais à la suite de pluies longues et torrentielles, ses eaux deviennent terribles et, à diverses époques, en 1851 et 1856 surtout, elles ont failli emporter le bourg lui-même.

Les souvenirs historiques de Voreppe remontent à une haute antiquité. Suivant d'anciennes chroniques, une grande bataille aurait été livrée, dans la plaine où il s'élève actuellement, entre les troupes de Pépin le Bref et une nation païenne qui avait envahi la contrée. Une chapelle, dédiée à saint Vincent, aurait été érigée en souvenir de la victoire remportée par Pépin. Cette chapelle a subsisté presque jusqu'à nos jours, car il y a peu d'années seulement qu'elle a été démolie, et le nom de Saint-Vincent du Plâtre est resté au lieu où elle était située. Dans les premières années du XIV⁰ siècle, une grande charte fut accordée par le dauphin Jean II aux habitants de Voreppe. Cette charte leur attribuait des avantages considérables. C'est à cette époque que le bourg fut ruiné par quelque grande catastrophe, un vaste éboulement de terrain probablement. Il se trouvait là où est actuellement le hameau de Gachetière. De profondes déchirures se voient encore dans la montagne à cet endroit. Le nom de *Bourg-Vieux* a été conservé à ce qui reste du Voreppe ancien où existent les ruines d'un vieux château féodal. Lors de cet événement, le dauphin Jean vint au secours des habitants et les aida puissamment à reconstruire leurs habitations dans le lieu où s'élève le Voreppe d'aujourd'hui.

En 1537, la terre de Voreppe fut aliénée ou engagée par François Ier, moyennant finances; l'un des engagistes fut plus tard Soffrey de Calignon, né en 1550, chancelier du royaume de Navarre sous Henri IV, et ensuite président au parlement de Grenoble. Sa petite-fille la porta en dot à un membre de la famille d'Agoult, dont les descendants l'ont possédée jusqu'à l'époque de la révolution.

Les guerres religieuses, qui ont désolé le Dauphiné au XVIe siècle, n'ont laissé ni traces ni souvenirs à Voreppe. Les Chartreux, qui en étaient devenus coseigneurs, possédaient de vastes propriétés et y furent constamment les bienfaiteurs du pays; aussi la reconnaissance des habitants les suivit dans leur exil et les accueillit avec une joie bien vive à leur retour, en 1816.

Le 2 avril 1814, les Autrichiens, arrivant par

Chambéry et les Echelles, débouchèrent sur Voreppe. Les hab'tants s'étaient joints aux soldats commandés par le colonel Cubières, pour résister à l'invasion. Tous se battirent avec un admirable courage. Du haut de l'espèce de rampe que domine le pont, deux pièces de canon firent éprouver de grandes pertes à l'ennemi. Mais sur le point d'être enveloppés et manquant de munitions, les Français durent céder le terrain et se replier du côté de Grenoble. Ils avaient perdu cent hommes et les Autrichiens quatre cents. Ceux-ci se vengèrent de leurs pertes, suivant leur habitude, en ravageant le pays et en lui imposant une contribution énorme.

L'église de Voreppe est fort ancienne, elle vaut la peine d'être visitée. Sa position au pied de la montagne sur laquelle s'élève le monastère de Chalais, est tout à fait pittoresque; elle a, en outre, une certaine valeur archéologique. Ses trois nefs et sa façade appartiennent à la deuxième moitié du xe siècle; son clocher et la coupole qui lui sert de support datent du xie. Dans l'impossibilité de la réparer convenablement, à cause de son état de vétusté, on s'est décidé à en construire une autre à peu de distance de la première. On y travaille depuis deux ans, et tout porte à croire que le nouveau monument sera digne de l'ancien.

Voreppe possède encore des carrières de *mollasse*, pierre friable fort en usage dans les constructions du pays. Ces vastes et hautes galeries qui se croisent en tous sens à une très-grande profondeur sous la montagne, ont quelque chose qui frappe l'imagination ; enfin, il est l'entrepôt des bois de construction provenant des forêts de la Grande-Chartreuse. Ces bois sont en uite embarqués, sous forme de radeaux, sur l'Isère, et expédiés dans le midi de la France.

Après un coup-d'œil rapide donné aux sommets élevés qui environnent le bourg, à l'Isère, dont les eaux, réunies à celles du Drac, coulent de l'autre côté de la vallée, au bas des montagnes de Sassenage et de Veurey, et se replient autour du rocher de l'Echaillon ; enfin, à la magnifique plaine qui s'étend au-devant, on quitte le pont jeté sur la Roize et l'on commence à suivre la route de la Placette, dont les nombreux circuits, nécessités par la grande inclinaison de la pente, allongent le trajet à faire pour arriver à Saint-Laurent du Pont. Voreppe est à 205 mètres au-dessus du niveau de la mer, la Placette à 598. Cette partie de la route se fait ordinairement à pied et exige une heure et demie de marche. On aperçoit longtemps à sa droite le pic de Chalais et un coin de la plaine que l'on contemplait dans toute son étendue avant de monter et, à gauche, la cime du Jussom, le point le plus élevé du plateau de Ratz. Il y a bien un sentier qui abrége de près de demi-heure le parcours de ces rampes ; il en existe aussi un autre qui, traversant le hameau de Pommiers et le vaste torrent de la Roize, procure une économie de temps de près de trois quarts d'heure. Mais, s'il est plus accidenté que la grande route, il a ses inconvénients, surtout quand la Roize n'est pas à sec ; d'ailleurs, il faut bien connaitre ces chemins et, si l'on n'a pas de guide, les indications des passants ne suffiraient pas à les trouver. On risquerait de s'égarer et de perdre ainsi beaucoup plus de temps. Il vaut donc mieux suivre les Grandes-Rampes, en marchant sans trop se presser et en admirant la belle nature que l'on a sous les yeux.

A moitié chemin environ, on aperçoit à sa droite le hameau de Pommiers, entouré de vergers et de prairies. Rien de frais et de gracieux comme ces humbles demeures cachées sous de grands arbres et abritées par le coteau contre lequel elles sont adossées. Une multitude de petits ruisseaux, d'une eau bien claire, traversent le chemin et vont se perdre aux pieds des châtaigniers qui étendent leur ombre sur le passant. On s'avance ainsi jusqu'au haut du col de la Placette, ayant à sa droite des cimes couvertes de sapins et qui vont du pic de Chalais jusqu'aux portes du désert; à sa gauche, des coteaux moins élevés, parsemés de prairies et de moissons.

Au sommet du col est un plateau d'une médiocre étendue où s'arrêtent les voyageurs pour attendre la voiture qui n'a pas fait la montée aussi vite qu'eux. Une modeste auberge y a été construite : on y trouve du vin, de la liqueur et du tabac. Je ne conseille pas au voyageur d'y demander autre chose, il vaut mieux aller jusqu'à Saint-Laurent du Pont.

dont on n'est séparé que par une heure et demie de chemin. Si on est parti de Voreppe à six heures et demie, on y arrivera à neuf heures et demie. Ce moment est plus convenable pour déjeuner et, d'ailleurs, Saint-Laurent offre d'autres ressources que l'auberge de la Placette. On se remet donc en marche à l'arrivée de la voiture. De la banquette de devant ou de l'impériale sur laquelle on se sera placé, on jouira à son aise de la vue du paysage. La route est resserrée entre deux longues lignes de coteaux boisés à leur sommet et cultivés à leur base. Quelques maisons éparses se montrent de loin en loin, et un ruisseau, souvent à sec, côtoie le chemin à gauche. Des cascades descendent le long du flanc des coteaux. L'une d'elles, celle de Forans, est surtout remarquable par la hauteur de sa chute et la blancheur de ses eaux que fait ressortir encore la couleur sombre de ses parois.

De la Placette, on peut se rendre à Saint-Julien ou Saint-Gelin de Ratz, dont le clocher s'aperçoit très-distinctement du chemin que l'on suit. Là, s'élevait jadis un château célèbre par la mort du dauphin Guigues VIII, le 23 juillet 1333. Ce château avait été bâti par le comte de Savoie, Amé V, qui se trouvait possesseur du Voironnais, dont ses prédécesseurs s'étaient rendus maîtres en 1107, et que les dauphins prétendaient devoir faire partie de leur domaine. Destiné à défendre l'étroite vallée qui conduit de Voreppe à Saint-Laurent du Pont, il était soigneusement fortifié et adossé au bourg de St-Julien, dont les épaisses murailles se rattachaient aux siennes. La garnison que le comte de Savoie y entretenait ravageait continuellement la contrée environnante. Les habitants réclamèrent le secours de Guigues qui, avec quinze cents cavaliers, vint les soutenir et les encourager dans le dessein qu'ils avaient formé de s'emparer du château. Le jour même de son arrivée devant la place, il voulut visiter les fortifications. Ses principaux officiers essayèrent vainement de le détourner de cette entreprise, qui offrait de grands dangers. Sourd à leurs observations, il s'avança jusque dans les fossés du château, accompagné d'Aimon de Clermont et de Hugues Alleman. Au moment où il levait le bras pour désigner un endroit faible de la place, il fut frappé par un trait d'arbalète au-dessous de l'aisselle. Maitrisant sa douleur, il revint au camp, appuyé sur ses deux compagnons. Sa blessure était mortelle. Il voulut mourir debout. Il employa les derniers moments qui lui restaient à vivre pour prendre toutes les mesures nécessaires au gouvernement de ses états. Cela fait, il ordonna, sans pâlir, que le trait fût arraché de la blessure, et il expira pendant l'opération. Il avait vingt-huit ans. A la nouvelle de sa mort, la douleur et la colère transportèrent ses soldats. Ils coururent aux armes et prirent d'assaut le château. La garnison fut massacrée, la place incendiée, ainsi que le bourg de Saint-Julien. Les ruines du château de la Perrière sont aujourd'hui recouvertes de ronces, et les maisons du village disséminées sur le plateau. Un fragment de tour indique seul encore la place où fut le manoir féodal, et la tradition a conservé le souvenir de celle où s'élevait l'église ancienne. Les habitants s'y rendent chaque année en procession pour demander à Dieu la pluie ou le beau temps.

Demi-heure avant d'arriver à Saint Laurent du Pont, on rencontre le petit village de Saint-

Joseph de Rivière, qui doit son nom à sa position entre l'Hérétan et plusieurs cours d'eau qui descendent des montagnes environnantes. Les Chartreux y ont fait élever, depuis peu d'années, une charmante église, chef-d'œuvre de goût et d'architecture, et qui coûtera, dit-on, près de cent cinquante mille francs. Le clocher, surtout, est d'une élégance rare, il excite l'étonnement du voyageur, qui ne s'attendait pas à trouver dans ces montagnes un monument que toutes les grandes villes envieraient. Un joli petit lac est situé à peu de distance. Enfin, après avoir parcouru, depuis Grenoble, vingt-neuf kilomètres, on arrive à Saint-Laurent du Pont, dont la population est de 1800 habitants.

Ce bourg, chef-lieu du canton de ce nom, faillit être emporté, en 1851, par une crue extraordinaire du Guiers-Mort, à la suite de pluies diluviennes qui causèrent dans le Dauphiné des ravages considérables. La route de la Chartreuse fut détruite en plusieurs endroits, et les habitants ne purent préserver leurs demeures qu'au prix d'incroyables efforts. Moins heureux en 1854, ils virent le bourg presque entier consumé en plein jour, le 29 août, par un violent incendie. Des enfants, en s'amusant à fumer dans une grange appartenant à M. Tartavel et ouvrant sur un chemin situé derrière les habitations, mirent le feu à la paille qui y était renfermée. Une voiture, chargée de foin, se trouvait devant la porte. Le feu s'y communiqua. On voulut la sortir du milieu des maisons et la traîner vers le Guiers qui coule à l'extrémité du chemin, l'on promena ainsi la flamme dans une grande partie du bourg. Les toits, couverts en chaume ou en essandoles, s'enflammèrent promptement, et il fut impossible de se rendre maître du feu. Toutes les récoltes venaient d'être rentrées, les granges étaient pleines. Le désastre fut immense, le dévouement de tous fut admirable. Des divers points du département, de presque toutes les villes de France, les secours en argent affluèrent. Les Chartreux furent sublimes de zèle et de charité. Vivres, logements, vêtements, argent et consolations, ils prodiguèrent tout aux malheureuses victimes. Le Révérend Père général se transporta immédiatement sur le lieu du désastre. L'évêque, le préfet, les principales autorités de Grenoble, y accoururent aussi et rivalisèrent d'empressement et de sympathie. Saint-Laurent renaît à peine aujourd'hui de ses cendres. L'église et le presbytère, adossés à une éminence couverte de sapins, ainsi que les deux ou trois maisons qui les entourent, assez éloignés du théâtre de l'incendie, furent seuls préservés. Cette église est fort ancienne. Elle n'a rien de remarquable, si ce n'est son état de délabrement, tant à l'intérieur qu'à l'extérieur. Les Chartreux ont offert d'en faire construire à leurs frais une autre plus digne de Saint-Laurent; mais des contestations interminables sur l'emplacement à y consacrer feront longtemps encore ajourner l'exécution de cette offre généreuse. En attendant, ils construisent, à l'extrémité du bourg, une maison d'école qui sera bientôt terminée; leur intention est de fonder aussi un hospice.

Il existe à Saint-Laurent du Pont des hôtels assez confortables. Nous recommanderons surtout au voyageur celui tenu par M. Cadot, gendre et associé de M. Tartavel. Les chambres y sont élégantes et propres, la table bien servie, et l'on y trouve des égards et des prévenances que l'on ne rencontre pas toujours dans les hôtels des grandes villes. On peut s'y procurer facilement un guide, des mulets, pour se rendre au couvent, soit par la route de Fourvoirie, soit par celle du Frou. Les voyageurs feront bien de demander, pour les guider, un jeune homme du pays, nommé Poulet. Il connaît parfaitement tous les chemins de ces montagnes, les noms de toutes les localités qui offrent quelque particularité intéressante. Il est d'une politesse et d'une complaisance rares. Bon marcheur, bon chasseur, fort et robuste, il a toutes les qualités qui font un excellent guide.

Nous ne nous occuperons ici que de la route par Fourvoirie ; nous décrirons l'autre en conduisant le voyageur à la Grande-Chartreuse par Voiron et les gorges de Saint-Etienne de Crossey.

Après une halte d'une heure consacrée à déjeuner et à se procurer le guide et les mulets nécessaires, quoiqu'il vaille bien mieux faire à pied la belle route du désert, on se remet en marche à dix heures et demie, en traversant le bourg dans une partie de sa longueur. On rejoint, à peu de distance, le Guiers-Mort, dont on côtoie la rive gauche jusqu'à Fourvoirie. En sortant de Saint-Laurent, sur un coteau qui domine le chemin, on apercevait encore, il y a peu d'années, les restes du château des anciens seigneurs du pays. Une petite chapelle s'élevait au milieu de ces ruines, à l'ombre de quelques vieux arbres qui faisaient probablement partie de l'avenue du manoir féodal. En 1852, les Chartreux l'ont remplacée par une construction plus vaste et capable d'abriter tous les fidèles qui s'y rendent à certaines fêtes de l'année. L'intérieur en est très-élégant. D'excellentes petites peintures à l'huile, représentant des sujets pieux et faites par un religieux du couvent, ornent le plafond, encadrées dans de jolis médaillons. Un tableau, qui n'est pas sans mérite, s'élève au-dessus de l'autel. Dans une espèce de sacristie, on montre une immense vue de l'incendie, peinte par M. Guédy, de Grenoble; enfin, une horloge a été placée dans le petit clocher qui surmonte le bâtiment. L'usage est de déposer en sortant une offrande pour la chapelle. Il faut avoir soin aussi, avant de gravir le mamelon, de se faire accompagner par une jeune fille, dépositaire de la clé, et qui demeure au commencement de la rampe. De ce plateau, on jouit d'une vue admirable. C'est d'abord la plaine de Saint-Laurent du Pont et ses marécages fréquentés par les chasseurs, puis les hameaux des Provenches, des Bourdoires, de Berlan, où commence la route par le Frou, l'entrée du désert, les prairies et les toits des usines de Fourvoirie; un peu plus loin, le coteau de Miribel, au bas duquel est situé le hameau de Vilette; enfin, tout à fait au fond, le village des Echelles au pied de la haute montagne de ce nom. On distingue une petite partie de la voûte de la célèbre grotte que l'empereur Napoléon Ier a fait percer. Commencé en 1805, ce passage célèbre n'a été livré au public qu'en 1820. Il a trois cents mètres de longueur et dix de largeur. La voûte en est très-élevée, et un certain nombre de réverbères l'éclairent pendant la nuit. C'est le premier chemin souterrain d'une aussi grande étendue qui ait été tenté. La route était frayée auparavant entre deux rochers, et des éboulements continuels de leurs parois la rendaient dangereuse. Plus anciennement encore, le passage n'était praticable qu'au moyen d'échelles, de là lui vient son nom. Charles-Emmanuel II, roi de Savoie, fit creuser, en 1670, la première route, qui ensuite a été abandonnée après le percement de la grotte actuelle.

A onze heures, le voyageur arrive à Fourvoirie par un chemin facile et presque constamment en plaine. A sa droite, s'élève un coteau couvert de prairies et de bois; à sa gauche, coule le Guiers-Mort, au pied d'autres coteaux aussi couverts de grands arbres. Le paysage prend un aspect sévère, on approche du désert. Tout à coup, deux énormes rochers dressent dans les airs leurs masses qui semblent se toucher, le torrent occupe l'espace qu'ils laissent vide entre eux; le fracas des eaux qui se précipitent, la poussière d'écume qui s'en élève, les bruits de l'usine, le chemin qui semble se terminer là, tout se réunit pour frapper le voyageur de surprise. Trois ponts superposés ont été construits au-dessus du torrent ; les deux inférieurs servent d'aqueducs, le plus grand conduit aux fabriques appartenant à M. Perinel, maître de forges. Sous ces arcades, dont la première est fort grande, le Guiers, quelque temps resserré par les rochers, forme une espèce de cascade toute blanche d'écume. De chaque côté de cette chute, des conduits en bois reçoivent les eaux du Guiers qui vont mettre les martinets en mouvement. Sur la rive gauche, sont une espèce d'hospice qui appartient aux Chartreux, une ferme et une scierie.

Autrefois, les rochers ne laissaient entre eux qu'un étroit espace que les eaux du Guiers occupaient tout entier. Il était difficile de pénétrer au-delà. La main hardie et active des Chartreux a percé dans le roc le chemin qui existe aujourd'hui et que soutiennent des murs et des voûtes solides. C'est de là que Fourvoirie a pris son nom, des deux mots latins : *Forata via*. Ces masses, coupées à pic, s'avancent au-dessus de la tête du voyageur, et leur ombre se reflète dans les eaux profondes du torrent. C'est dom Le Roux, 33e général de l'Ordre, qui fit ouvrir ce passage et construire les arceaux qui le soutiennent, vers 1510. La route ne fut achevée que longtemps après. Ce sont aussi les Chartreux qui ont fait bâtir ces usines, élever ces murs, construire ces ponts, tailler ces rochers, emprisonner ces eaux. Fourvoirie leur appartenait alors, ils y ont tout créé; ils avaient répandu la vie et l'aisance là où tout était mort et pauvre : ils n'y sont plus maintenant que des étrangers.

A l'endroit où le chemin est le plus resserré entre le torrent et la montagne, un pavillon a été construit. Sa double porte fermait le désert et l'isolait du reste de la vallée. Quand le couvent était propriétaire de tout le pays, un portier veillait sur cette entrée. La fenêtre de son habitation se voit encore, mais le pavillon, restauré et augmenté d'un étage, ne sert plus maintenant de logement qu'aux gardes forestiers. En le franchissant, on est involontairement ému, quand on songe à tous ceux qui ont passé jadis sous cette porte en disant au monde un adieu éternel.

Après le pavillon, la route s'allonge en décrivant de nombreuses sinuosités, entre le rocher sur lequel une partie en a été conquise et le torrent qui en frappe le pied en mugissant, comme pour ressaisir ce qu'on lui a dérobé.

Nous engageons fortement le voyageur à ne pas quitter Fourvoirie sans aller visiter la Petite-Chartreuse de Currière. C'est une course de deux heures ; mais la journée est longue encore, et il sera amplement dédommagé de sa peine. Après avoir visité les forges, contemplé les eaux mugissantes du Guiers du haut du grand pont, il pourra, un peu avant la porte du désert, monter à travers les prairies. Après dix minutes de marche environ, il rencontrera un large chemin, soutenu par de gros blocs de rochers et ombragé de beaux arbres. Il suivra ce chemin en tournant le dos à Saint-Laurent du Pont. Bientôt on arrive au chalet de Curriérette, qui se compose de deux petits bâtiments entourés de vastes pâturages. Après une heure de marche au milieu de magnifiques bois de hêtres et de sapins, on aperçoit une immense prairie environnée de grands arbres et de rochers élevés. Là sont les bâtiments du couvent où l'on envoyait autrefois les religieux malades. Ruinés pendant la révolution, ces bâtiments ont été restaurés par les Chartreux après leur retour, mais plutôt en vue d'en faire une ferme qu'une maison religieuse. Il y réside aujourd'hui un frère chargé de la surveillance des bestiaux, quelques gardes forestiers et deux ou trois charbonniers ou fabricants de bois de tamis. Derrière la maison, on retrouve les restes d'une haute et large avenue de tilleuls et de hêtres au pied desquels les pauvres religieux malades sont venus bien souvent jadis chercher, non pas de l'ombrage, mais les rayons bienfaisants du soleil.

Currière a été plusieurs fois endommagé par le feu. En 1839 d'abord, en 1855 ensuite, enfin en 1858 une partie du pavillon où se trouve l'entrée principale a été entamée par l'incendie. A l'intérieur, les plafonds en petites lambourdes carrées sont entièrement neufs, ils datent de 1855. La maison n'est point triste et délabrée, on dirait d'un bâtiment en réparation et qui n'attend plus que des meubles et des habitants. De grandes cours, un beau bassin où coule une eau bien limpide, de vastes prairies, et enfin une enceinte de rochers élevés et couverts de sapins, voilà ce qui s'offre à la vue du voyageur. Ce spectacle est on ne peut plus imposant et grandiose; on ne regrette pas la peine qu'on a prise pour venir le contempler. A l'intérieur, on voit encore quelques cellules qui s'ouvrent sur un corridor. L'église et le clocher sont en bon état; les arceaux de la voûte semblent neufs. On monte au clocher par un escalier tournant et, du sommet de sa plate-forme, l'œil se promène sur les montagnes environnantes. Toutes ces pièces sont démeublées; la sacristie seule possède encore une espèce d'autel auquel manque la pierre sacrée. Les cellules sont construites sur le même plan que celles de la Grande-Chartreuse. Même grandeur, même distribution, même petit jardin entouré de murs, même solitude. Les dames, auxquelles l'entrée du grand couvent est interdite, peuvent à Currière se former une idée très-exacte des cellules des Chartreux. Enfin, au-devant des bâtiments, sont des jardins plus vastes où les gardes cultivent des pommes de terre.

On peut revenir par où l'on est monté; mais je conseille au voyageur, pour ménager son temps et ses forces, de prendre un autre chemin à côté de la grande avenue. Ce chemin, assez large et bien tracé, descend au milieu des bois et vient aboutir à peu de distance du grand et magnifique pont qui a été construit, il y a quelques années, en avant de l'ancien pont Pérant. C'est par là que doivent monter ceux qui viennent du côté de la Grande-Chartreuse. Dans ce cas, ils prendront, pour descendre, le chemin qui suit l'avenue dont nous avons parlé et qui va aboutir au chalet de Curriérette et à Fourvoirie, au travers des prairies. Cependant je leur conseille encore de ne pas traverser le pré de Curriérette et de suivre un autre chemin qui se trouve en-dessous. Ils viendront rejoindre le chemin principal dix minutes avant la porte de Fourvoirie, et ils pourront, par conséquent, jouir de la vue des trois ponts, des usines, de la chute du Guiers et de l'entrée du désert.

Arrivé au nouveau pont Pérant, que l'on nomme aussi pont Saint-Bruno, si le voyageur est curieux d'admirer une œuvre hardie, il pourra glisser, en s'aidant des herbes et des arbustes, sur la pente rapide qui descend vers le torrent, et de là contempler l'arc immense qui se dessine au-dessus de sa tête. Si cette descente ne lui sourit pas, qu'il se réserve pour l'autre pont. Là le spectacle est aussi curieux. Si l'arc est moins audacieux, si l'édifice est plus étroit, en revanche un énorme rocher tombé de la montagne s'est placé en travers du torrent. Le Guiers s'engouffre sous sa masse avec fracas et ressort un peu plus bas. Sur cette pierre, plusieurs sapins ont pris racine. Pour rencontrer ce pont, sur lequel ne passe plus la route, il faut suivre l'ancien chemin pendant quatre ou cinq minutes encore. On ne tarde pas à apercevoir le malheureux délaissé qui se cache sous les arbres et semble tout honteux de l'abandon auquel il est condamné. Ses parapets ont été détruits, l'herbe l'a envahi de tous côtés, et cependant sa voûte solide est de nature à résister longtemps. En construisant le nouveau passage, on a voulu éviter une descente et une montée qui rendaient le trajet plus difficile aux pièces de bois venues de la montagne. Le motif qui avait fait préférer le local où a été bâti l'ancien pont est que le vallon y est plus resserré et que la construction y était plus facile et moins dispendieuse.

L'on se trouve alors sur la rive droite du Guiers, il est deux heures et demie environ. On commence à monter par une pente douce, le nouveau chemin est large et bien entretenu à la macadam. Plus de ces gros blocs qui rendaient la marche fatigante. La route a peut-être perdu quelque chose de sa poésie, il y a moins d'ombre et de charme, mais on chemine moins péniblement. Ces changements ne datent que de quatre ans environ. Toute la partie depuis Fourvoirie jusqu'au pont Pérant est ancienne, l'autre est entièrement neuve. Quand les rochers ont barré le passage, on a pratiqué des tunnels; quand le terrain a inspiré des craintes sur sa solidité, on l'a soutenu par des murs épais; là où se sont présentés des ravins, on a construit des voûtes. Ce chemin est remarquable par sa largeur, sa pente bien ménagée et la suppression des nombreux contours que formait l'ancien.

Du pont Pérant à la Grande-Chartreuse on compte environ une heure et demie en montant, une heure en descendant. Vingt minutes après l'avoir traversé on rencontrait, il y a deux ans à peine encore, un bâtiment en ruines qui barrait le chemin. Quelques pans de murs et une porte sous laquelle il fallait passer étaient les seuls débris que le temps eût épargnés. Cette masure était connue partout sous le nom de fort de l'OEillette ou de l'Aiguillette. Elle passait pour avoir été construite dans le but de fermer l'accès du couvent au fameux contrebandier Mandrin, qui serait venu quelquefois, dit-on, le mettre à contribution. Il est plus probable que c'était anciennement quelque poste de douaniers. Au-dessus de ces ruines qui n'existent plus, car elles ne faisaient que gêner la circulation sans aucun avantage en compensation, se dresse l'obélisque de l'OEillette ; c'est une longue et énorme aiguille de rochers, dans les fentes de laquelle quelques arbres ont pris racine. Elle est complètement isolée au milieu du vallon ; sa forme, sa hauteur excitent l'étonnement et l'admiration. A ses pieds s'ouvre un précipice d'une effrayante profondeur au fond duquel coulent les eaux du Guiers-Mort. On raconte qu'un Anglais avait fait le pari de gravir ce pic réputé jusque-là inaccessible. Avec des peines et des efforts incroyables, il parvint au sommet. Quand il fallut descendre et qu'il vit l'abîme ouvert sous ses pieds, le vertige le saisit et le courage lui manqua. Il fallut aller chercher à St-Laurent du Pont des hommes, des cordes et des crampons pour l'amener jusqu'au bas des rochers.

Le chemin continue ensuite en ligne presque droite. Vingt minutes après avoir laissé derrière soi la haute aiguille, on arrive à un tunnel. Il y en a trois à traverser; celui-ci est le plus considérable. On a pratiqué, à droite, une ouverture qui donne de l'air dans la galerie et facilite l'écoulement des eaux. On n'est plus qu'à trois quarts d'heure du couvent. Cinquante pas au delà on rencontre le second tunnel, moins long, mais plus pittoresque; enfin, une minute après, le troisième et dernier. Ces passages souterrains, couverts d'arbres à leur sommet, environnés d'ombre et de verdure, enlèvent à la route toute sa monotonie et charment le voyageur. C'est la troisième fois que cette route est refaite. Avant 1495, il n'y avait qu'un étroit sentier qui suivait péniblement les flancs de la montagne. A cette époque, les Chartreux ont construit une route praticable. En 1781, millésime gravé sur le rocher en divers endroits, ils l'améliorèrent en minant le rocher; enfin, en 1855-56, on a pratiqué celle qui se suit aujourd'hui.

Après avoir dépassé le dernier tunnel, on voit un immense cordage qui traverse le vallon. Attaché par une de ses extrémités à un fort sapin de la montagne en face, il vient se fixer à un énorme anneau de fer scellé dans le rocher au-dessus du chemin. C'est à l'aide de ce cordage que les sapins abattus sont amenés, de la forêt qui est située de l'autre côté du torrent, sur le chemin de Fourvoirie. La corde qui les retient glisse sur le câble principal. Il serait, en effet, impossible de les remonter du fond du précipice sans ce moyen ingénieux.

L'ancien chemin passait à la Croix-Verte, plate-forme où s'élevait une croix peinte en vert et qu'ombrageaient des arbres magnifiques. On s'y reposait ordinairement, le couvent n'était pas loin; on se recueillait un moment avant d'y arriver. De là on apercevait les bâtiments de la Courrerie, situés de l'autre côté du vallon sur la route du Sappey; parfois même le vent y apportait quelques faibles sons des cloches du couvent, et le cœur tressaillait à ce bruit. Aujourd'hui la croix verte est délaissée, ces beaux contours de la route dans l'épaisseur de la forêt ont été supprimés; plus de chemins sur la mousse et les feuilles, traversés par de petits ruisseaux, et remplis d'ombre et de mystère. La civilisation a pénétré dans le désert. Je le prévoyais, il y a vingt-quatre ans, quand j'écrivais dans l'*Album du Dauphiné*: « Hélas! encore quelques années, et ces retraites paisibles, ces beaux accidents d'ombre et de lumière, ces sentiers mystérieux que l'œil ne peut que deviner sous l'épaisseur du feuillage, auront disparu, et avec eux cesseront aussi ces impressions grandes et solennelles, ce recueillement qui n'était pas sans charmes, cette délicieuse émotion que faisait naître l'aspect romantique de cette belle solitude. Il est vrai que la route aura été débarrassée de ses ornières, redressée, élargie peut-être; il est vrai que l'on pourra aller de Grenoble jusqu'à la porte du couvent, hermétiquement fermé dans la boîte d'une diligence: ce sera de la civilisation! »

Enfin, à cinq heures à peu près, on aperçoit tout à coup les clochers et les toits du couvent. Quelques pas encore et l'on atteint la porte d'entrée. On salue avec joie cette demeure hospitalière où l'on va pénétrer et où l'on est sûr de trouver un accueil si amical.

ROUTE DE LA GRANDE-CHARTREUSE

Par Voiron, Saint-Étienne de Crossey,
le passage du Frou, Saint-Pierre d'Entremont, la vallée
des Meuniers et le col du Cucheron.

Visite aux sources du Guiers-Vif.

Cette course ne peut se faire en une journée, la longueur du trajet s'y oppose. Je conseille alors au voyageur de partir de Grenoble par le convoi de neuf heures vingt minutes du matin. Il arrivera à Voiron à dix heures et quart. De la gare à la grande place quelques minutes suffisent; il trouvera facilement le chemin. Là, il fera bien de se reposer et de visiter la ville, qui mérite qu'on lui consacre quelques heures. Il attendra de la sorte le départ des voitures de Nicolas pour Saint-Laurent du Pont. Ce départ a lieu d'ordinaire à deux heures trois quarts. Il aura ainsi quatre heures et demie pour dîner et se promener. Voiron est bientôt parcouru, il n'est pas très-grand ; cependant peu de petites villes sont aussi riantes et possèdent des environs aussi pittoresques et aussi gracieux.

Voiron renferme près de dix mille habitants; il est situé sur la rivière de Morge, dans une vallée riche et fertile, au pied de coteaux couverts de bois, de vignes et de délicieuses maisons de campagne. Il est traversé par les routes de Valence à Seyssel, de Châlons-sur-Saône à Sisteron ; c'est une des principales stations du chemin de fer de Grenoble à Saint-Rambert.

Les souvenirs historiques qu'il rappelle ne remontent pas à une très-haute antiquité. Ce ne fut dans l'origine qu'un château fort, *oppidum Voronum,* bâti par les Allobroges pour arrêter les incursions des peuples voisins et protéger les demeures des rares habitants qui étaient venus s'établir au pied de ses murailles. C'est vers les premières années du XIIe siècle seulement qu'il commence à en être fait mention à propos d'un partage du comté de Salmorenc, fait par le pape Paschal II, entre l'évêque de Grenoble et l'archevêque de Vienne. Ce partage ne fut pas approuvé par les seigneurs laïques qui, loin de s'y soumettre, se déclarèrent indépendants et ne laissèrent aux deux prélats que l'administration spirituelle de ce comté.

Le comté de Salmorenc et Voiron avaient fait partie du deuxième royaume de Bourgogne; mais à la mort de Conrad le Salique, empereur d'Allemagne, auquel Rodolphe, dernier roi de Bourgogne, avait fait donation de ses états, le comte de Savoie s'en rendit maître. Il releva les ruines du château et entoura la petite bourgade de hautes murailles. Il lui donna, en outre, une charte municipale et favorisa, par tous les moyens en son pouvoir, l'accroissement de la population. Les dauphins cherchèrent plusieurs fois à s'en emparer, mais sans pouvoir y réussir. Quand le Dauphiné eut été cédé à la France par Humbert II, les comtes de Savoie, se sentant hors d'état de résister au puissant voisin que leur avait donné cette réunion, consentirent, en 1355, à un traité d'échange. Néanmoins Voiron resta longtemps sans importance; aussi est-il à peine question de lui dans les guerres de religion qui ont si longtemps désolé le Dauphiné. Au xviiie siècle, une nouvelle industrie, la fabrication des toiles et des draps, s'éleva dans son sein et sa population s'augmenta rapidement. Ses toiles jouissent aujourd'hui d'une grande réputation et sont l'objet d'un commerce très-important.

La ville possède peu de monuments remarquables. Il faut cependant citer son château d'eau, d'une rare et gracieuse élégance, qui a été construit, en 1826, sous l'administration de M. Denantes. Sur une éminence qui domine la grande place et la belle promenade du Mail, s'élève un magnifique château appartenant à M. de Barral. A quelque distance on aperçoit un vaste bâtiment dont une des façades et les terrasses longent la route que nous allons suivre : c'est le couvent *des Oiseaux* fondé par le curé actuel de Voiron. Là, se réunissent pour vivre, dans une espèce de communauté qui n'a rien de forcé, des personnes pieuses que des chagrins violents ou l'amour de la retraite ont déterminées à s'éloigner du monde. L'église, située dans le faubourg de Salmorenc, n'est pas digne de la ville. Elle est ancienne, mal entretenue et dans un état de délabrement complet. Les boiseries du chœur ne sont pas cependant sans mérite. Enfin, Voiron est la patrie de Claude Expilly, président au parlement de Grenoble, poète, orateur, jurisconsulte et historien, de Soffrey de Calignon, chancelier de Navarre et ministre de Henri IV, et de plusieurs généraux distingués.

La voiture, en quittant la grande place où a été construit le château d'eau, fait un contour et suit la longue rue Grenette qui monte continuellement. A droite, le voyageur distingue une belle plaine qui s'enfonce dans le lointain; l'Isère y porte ses eaux : c'est la plaine de Saint-Gervais. En face s'élève le mont de Vouise; de l'autre côté est Bavoune; dans le fond les montagnes du Villard de Lans. A mesure que l'on avance, l'on distingue au-devant de soi des rochers entrecoupés de bois : ce sont les balmes de Voiron. En-dessous se cache, au milieu d'arbres touffus, le village de Coublevie. Deux châteaux remarquables s'offrent aux regards, l'un est celui de Traconnière, dont la construction remonte au Moyen-Age; l'autre, plus moderne, est celui de Beauregard, aujourd'hui couvent de Chartreusines qui s'adonnent aussi à l'éducation gratuite des jeunes filles pauvres (1). Rien de riche et de gracieux comme ce vallon du haut de la rampe: le cours de la Morge, une multitude de maisons de campagne, le clocher de Coublevie avec sa flèche élégante, les toits aigus de la maison forte des Dorgeoise, qui rappelle, quoique imparfaitement, les forteresses du XIVe siècle, des bois, des vignes, des vergers, la plaine de Moirans, celle de Saint-Gervais, les hautes montagnes qui s'élèvent dans le fond, tout cela réuni forme un tableau à la contemplation duquel on a de la peine à s'arracher.

---

(1) Les Chartreusines observent une règle à peu près semblable à celle des Chartreux, elles sont gouvernées par les mêmes statuts. Elles récitent les mêmes offices, soit la nuit, soit le jour, pratiquent les mêmes jeûnes, se privent toute l'année d'aliments gras et portent un costume qui diffère peu de celui des Pères. Cependant, au lieu de prendre leurs repas seules dans leurs cellules, elles mangent ensemble, toutefois sans rompre le silence, et se réunissent tous les jours aux heures des récréations.

Au sommet de la montée, on rencontre le hameau de la Thivollière. A droite est une montagne boisée qui se nomme le Georgeon. La route s'enfonce ensuite dans un vallon entouré de coteaux. Une heure après, on distingue les premières maisons de Saint-Etienne de Crossey, village dont la population se monte à 1,700 habitants. Dix minutes après avoir dépassé les dernières habitations, on commence à entrevoir les fameuses gorges qui ont donné leur nom au village dont nous venons de parler, nom qui provient du mot *crau*, venant lui-même du gallo-celtique *graig*, qui signifie pierre ou rocher. Bientôt la route s'engage entre ces rochers de toute forme et de toute dimension, rocs dénudés, noirâtres et montrant à peine, de distance en distance, quelque trace de végétation. L'ancienne route passait plus à droite; la nouvelle a été exhaussée et portée plus à gauche, où elle a moins à craindre des éboulements. De temps en temps se montrent des fentes assez larges qui ressemblent à des entrées de caverne. La tradition rapporte qu'il existe en effet, dans l'intérieur de ces rochers, plusieurs cavités assez vastes et qui ont été habitées lors des guerres de religion. On raconte que des bûcherons, il y a trente ans, en abattant quelques arbres situés à une certaine hauteur et auxquels ils étaient parvenus avec peine, découvrirent une de ces retraites dans laquelle ils purent pénétrer. Ils y trouvèrent des ossements humains et divers ustensiles de ménage. Quels pouvaient être les malheureux qui étaient venus chercher là un asile et y rencontrer une mort plus affreuse sans doute que celle qu'ils voulaient éviter? Etait-ce des Vaudois, des protestants, des catholiques? Etait-ce des malfaiteurs? Le champ est ouvert aux conjectures. Quoi qu'il en soit, ce long passage au milieu de ces rochers resserrés a quelque chose qui impressionne vivement.

Une demi-heure après, on traverse Saint-Joseph de Rivière dont il a déjà été fait mention et, de là à Saint-Laurent du Pont, une autre demi-heure suffit. Arrivé vers cinq heures, on commande son dîner; on prie M. Cadot de faire venir le guide dont on doit se servir le lendemain; on fait ses arrangements avec lui, et le reste de la soirée se passe à se promener, à visiter l'église et la chapelle dont nous avons parlé précédemment, à jouir de la vue des montagnes et à en respirer l'air pur et salutaire.

Le lendemain, à quatre heures, le guide frappe à la porte de l'hôtel. Une demi-heure doit suffire pour se lever et se disposer à partir, après avoir pris les précautions que nous avons déjà plusieurs fois indiquées, et à quatre heures et demie, le carnier sur le dos, le bâton ferré à la main, on se met en route.

On sort de Saint-Laurent-du-Pont, en traversant le Guiers-Mort sur un pont dont les trottoirs et les parapets sont en blocs de ciment. Le Guiers qui passe dessous sert de limite à la commune de Saint-Laurent; on se trouve alors sur celle d'Entre-deux-Guiers. On suit la route départementale qui se dirige vers le bourg des Echelles, où est située la célèbre grotte dont nous avons déjà parlé. Ce chemin est en plaine et sur la droite d'un vallon assez étroit, mais on ne peut plus frais et gracieux. Dix minutes après avoir traversé le pont, on aperçoit, sur la gauche, de l'autre côté du torrent, au pied du côteau de Miribel, le petit hameau de Vilette, où s'élève un château assez remarquable, appartenant à M. Octave de Barral. Toute cette étendue de pays était la propriété des Chartreux avant la révolution.

Une demi-heure après, on abandonne cette route pour suivre l'ancien chemin des Echelles, que l'on quitte, au bout de vingt minutes, pour se diriger vers le hameau de Berlan, qui fait partie de la commune de Saint-Christophe. Ce chemin traverse une petite plaine assez bien cultivée, où se voient de loin en loin quelques maisons qui forment deux hameaux, celui de Daiguenoire et celui de la Colombière. Ces maisons n'ont pas l'aspect pauvre et triste qu'ont ordinairement les habitations des montagnes. On sent qu'il y a sous ces toits de l'aisance. Le village d'Entre-deux-Guiers et celui de Saint-Christophe se montrent au loin entourés de belles prairies et de grands arbres.

A six heures, on entre sur le territoire de Saint-Christophe, qui compte environ 1400 habitants disséminés dans un assez grand nombre de petits hameaux et dont on voit briller le clocher aux premiers rayons du soleil. Au-delà, s'élèvent les montagnes de la Savoie. Une douzaine de maisons sont placées à l'entrée

de la commune : c'est le hameau des Molières.
L'on traverse ensuite celui des Maigniens et on
laisse, un peu plus loin, à sa gauche, celui de
Berlan. Bientôt on commence à suivre un
chemin plus étroit qui monte au travers d'un
bois et de quelques champs cultivés. On rencontre ensuite le hameau des Blanches, puis
celui des Roux, et l'on atteint, peu de temps
après, celui du Châtelard. De là, on aperçoit
la haute montagne de Corbel, sur le territoire de Savoie. De son sommet descend
une magnifique cascade qui vient se jeter
dans le Guiers-Vif, dont on entend, sans les
voir encore, les eaux se briser contre les
rocs qui encombrent son lit. A deux minutes
du Châtelard, on quitte le chemin uni et facile
que l'on suivait, pour entreprendre une montée
assez rude, sur des pierres entassées pêle-mêle.
C'est le Petit-Frou qui s'élève sur le flanc d'un
coteau couvert d'arbres. Dix minutes suffisent
pour arriver à son extrémité. Là, on s'arrête
pour jouir de la belle vue qu'offrent les montagnes que l'on a en face et la haute cascade
qui se déploie ici dans toute son étendue. Il est
six heures et demie, le chemin devient moins

rapide. Il se dirige un peu à travers champs sous de grands arbres. A l'un de ses détours, en passant devant une maison isolée, on est tout surpris d'y trouver une boutique de boulanger, propre et bien tenue; un charmant petit jardin. plein de fleurs et de légumes, règne autour. La boulangère est jeune et gracieuse, le four est allumé, on serait tenté d'entrer pour déjeuner là, car quelque chose dit que l'on y serait bien traité; mais la pensée de la longue course que l'on a à faire, pour arriver le soir même à la Grande-Chartreuse, oblige à avancer. Un quart d'heure après, on commence à monter dans une vaste forêt de hêtres et de sapins; on est à l'ombre, la marche se ralentit un peu, quoiqu'on soit impatient d'apercevoir le fameux passage nommé le Grand-Frou. La montagne se rapproche de plus en plus et semble barrer complètement le chemin. Tout à coup, au sortir de la forêt, au moment où il semblait impossible d'aller plus loin, la route contourne brusquement et escalade le rocher, pour ainsi dire. Sa largeur est de soixante-et-dix centimètres au plus, elle est soutenue de distance en distance par d'énormes pièces de bois. A droite est le roc, taillé à pic, sur lequel elle a été conquise à grand'peine ; à gauche, un précipice de plus de mille pieds de profondeur, au fond duquel on voit couler les eaux du Guiers, dont le bruit n'arrive que faiblement à l'oreille. Il est impossible de contempler quelque temps cet abîme sans ressentir le vertige. Dans certains endroits, une partie du terrain s'est éboulée; on a remplacé ce qui manque par des morceaux de bois qui s'appuient, d'un côté, sur ce qui reste du chemin, de l'autre, sur des pièces de sapins qui bordent le précipice. On voit, en marchant, l'abîme béant sous ses pieds et on éprouve une sorte de plaisir, mêlé d'effroi, à le considérer ainsi. De longues et grosses perches sont placées là et solidement assujetties par d'énormes écrous en fer : elles servent de parapets. Du côté du rocher, on a scellé également une main courante; enfin, des espèces de degrés en bois ont été pratiqués dans les endroits les plus difficiles, pour aider à la montée et empêcher de glisser à la descente. Ce passage qui, du reste, n'offre en été aucune sorte de dangers, est on ne peut plus curieux. On admire ce que peut la volonté de l'homme luttant contre les obstacles et animé par ce besoin de société qui lui fait braver tout péril pour se rapprocher de ses semblables.

Ce passage existe depuis des siècles tel qu'il est aujourd'hui. Cependant, on assure qu'il y avait autrefois, à la place même de cette rampe si curieuse et si pittoresque, un chemin praticable, en toute saison, par les hommes, les bêtes de somme et les chariots. Il était situé à peu près à la même place que celui-ci et n'offrait ni les mêmes dangers, ni les mêmes difficultés. Un vaste éboulement ou affaissement de la montagne le détruisit un jour d'hiver et, pendant près d'une année, les habitants des vallées situées au-delà n'eurent plus que de rares communications avec la plaine. Ce ne fut ensuite qu'avec beaucoup de peine et à l'aide de sommes assez considérables, dont les Chartreux fournirent la plus grande partie, qu'on parvint à reconquérir sur le rocher et l'abîme le chemin actuel, auquel je ne puis comparer, en Dauphiné, que celui de Pont-Haut, dans les montagnes qui entourent Allevard. L'hiver, ce chemin est rendu très-difficile, impraticable même souvent, par les neiges et les glaces. Alors, les habitants de Saint-Pierre-d'Entremont, de la Ruchère, de Saint-Mesme, sont privés de toute communication avec la plaine, à moins de faire un très-long détour par les cols qui conduisent à Saint-Pierre-de-Chartreuse et de là à Saint-Laurent-du-Pont, par le désert et Vallombrée. Ce trajet, pour être moins dangereux, n'est guère plus praticable, à cause de son étendue et des difficultés qu'il offre aussi. Depuis de longues années, les habitants de ces vallées si reculées sollicitaient de l'administration départementale une route meilleure, qui n'exposât pas leur vie et facilitât, en toute saison, l'accès de la plaine. Leur demande a été enfin entendue. Un nouveau chemin a été commencé, il y a quatre ans; une grande partie en est déjà livrée à la circulation, entre le Grand-Frou et Saint-Pierre-d'Entremont, et bientôt le curieux passage sera abandonné. La nouvelle route est frayée au-dessous de l'ancienne; elle sera accessible même aux voitures; la montée sera considérablement diminuée.

Une demi-heure suffit pour arriver au sommet du Grand-Frou. Là, on se repose un moment pour réparer ses forces et jeter une fois encore ses regards sur l'immense profondeur du précipice. Le jour où nous franchîmes ce passage si pittoresque, c'était foire aux Echelles. Tous les habitants des communes voisines s'y rendaient, seuls ou avec des bestiaux. Nous fûmes émerveillés de leur politesse et de leurs manières affables. En général, tout étranger qui visite leurs montagnes avec un guide est nécessairement, à leurs yeux, un garde général ou quelque employé supérieur de l'administration des eaux et forêts. Si l'on entame la conversation avec eux, on est étonné de leur bon sens et de la justesse de leurs réflexions ou de leurs renseignements. Les femmes et les jeunes filles n'ont pas cet air malingre et souffreteux qui frappe péniblement le voyageur dans d'autres localités. Presque toutes gracieuses et accortes, elles saluent l'étranger d'un bon et franc sourire, sans embarras et sans pruderie. Il est vrai que le jour où je les vis elles étaient dans leurs beaux habits des dimanches ; mais si l'habit relève l'extérieur, il ne le change pas complètement. Le croirait-on ? les modes nouvelles ont pénétré dans ces hautes régions, et je ne répondrais pas de n'avoir pas frôlé, en passant, quelque crinoline. Il y avait, du moins, profusion de rubans de toutes couleurs sur des bonnets fort élégants Cette multitude de passants animait le chemin, sans ôter son charme à cette belle solitude, et il y avait du plaisir à suivre de loin, du regard, sous la voûte des arbres que perçaient quelques rayons de soleil, ces groupes joyeux qui s'en allaient, en riant et en chantant, dépenser leur argent aux Echelles.

A sept heures et quart, on commence à descendre le revers de la montée ; on marche constamment au milieu d'un bois touffu, dont les arbres empêchent de jouir de l'aspect du pays. Un quart d'heure après, on rencontre un pont neuf et solide, situé sur un ruisseau qui va se jeter dans le Guiers. Un petit hameau est tout auprès, c'est le hameau et le pont de Brigoud sur le ruisseau de même nom. Là, on quitte l'ancienne route et l'on commence à suivre la nouvelle, qui est achevée jusqu'à Saint-Pierre-d'Entremont. On voit encore, à droite, un vieux pont abandonné et, plus loin, un chemin pierreux qui s'enfonce dans les bois et gravit la hauteur sur laquelle est situé le château de Saint-Pierre. C'est par là que devaient passer les voyageurs avant les travaux de la nouvelle route, à moins de traverser le Guiers et de prendre la rive droite du torrent. Ils se trouvaient alors sur le territoire sarde et ils ne le quittaient plus jusqu'aux premières maisons de Saint-Pierre-d'Entremont, distantes d'environ deux kilomètres et demi.

Dix minutes après Brigoud, on rencontre un nouveau pont avec son hameau : c'est le pont de Planet; puis un autre groupe de maisons qui s'appelle le hameau de Cerne et fait toujours partie de la commune de Saint-Christophe. Mais ici le spectacle change, la vue n'est plus encaissée entre deux montagnes boisées et très-rapprochées. On aperçoit une longue vallée qui se dirige du côté de la Grande-Chartreuse et vient aboutir à la chapelle de saint Bruno. Sur le versant du coteau, une multitude de maisons sont éparpillées en amphithéâtre, au milieu des arbres, c'est la Ruchère et ses pâturages. Tout auprès, à l'extrémité du coteau, sur un mamelon escarpé, à l'endroit où l'on domine la vallée par laquelle on est arrivé, celle de la Ruchère et Saint-Pierre-d'Entremont, s'élève un immense bâtiment entouré de plusieurs granges ou maisons. C'est le château de Saint-Pierre.

Un quart d'heure après avoir dépassé le hameau de Cerne, on rencontre un ruisseau qui traverse le chemin et qui a reçu, je ne sais pourquoi, le nom de Fontaine-Noire. Il sert de limite entre les communes de Saint-Pierre-d'Entremont et de Saint-Christophe. Les Chartreux ont exploité là, sur les bords du Guiers, un établissement métallurgique, il y a deux siècles environ. Il n'en reste plus de traces aujourd'hui. Déjà, en 1789, il n'en existait que des débris. Un peu plus loin, on traverse un petit torrent sur un pont, appelé pont de Noirfond, puis la route descend dans une dépression de terrain et passe sous un rocher d'où il tombe continuellement de l'eau, quelquefois en assez grande abondance. C'est la roche de Buis. En hiver cette eau se congèle et les glaçons, s'entassant peu à peu, finissent par former une barrière qui s'oppose au passage. Il faut alors briser la glace à coups de hache, et cela presque tous les jours. En outre, les mulets et les piétons risquent de glisser et de tomber. Aussi, va-t-on déplacer cette partie du chemin et la faire passer presque au-dessus du rocher, ce qu'on aurait pu et dû faire plus tôt, car l'inconvénient était facile à prévoir et on eût évité ainsi une dépense assez forte. C'est là qu'aboutissait autrefois l'ancienne route du Frou que nous avons quittée, comme je l'ai dit, au pont de Brigoud, et qu'il fallait suivre, malgré sa pente rapide qui la rendait presque impraticable dans l'hiver, ou traverser le Guiers et passer sur la rive droite. On aperçoit bientôt les premières maisons de Saint-Pierre-d'Entremont.

Ce village, situé à l'extrême frontière de France, sur les bords du Guiers-Vif, tire son nom de sa position au fond d'une vallée que dominent de tous côtés de hautes montagnes. Il compte environ quinze cents habitants. Une partie appartient à la Savoie, l'autre à la France. Jadis la même église réunissait les deux populations, sarde et française; depuis quatre ans on en a construit une sur le territoire savoyard. Elle est petite et n'a rien de remarquable. L'église française est ancienne et aurait besoin de grandes réparations. Cependant l'intérieur en est très-propre et très-bien tenu. Au-devant se trouve une espèce de porche où pend la corde de la cloche, de sorte qu'il n'est pas besoin de monter au clocher pour la mettre en branle : le premier venu peut se charger de cet office. Un cimetière règne tout autour, au milieu s'élève une croix de pierre qui porte le millésime de 1537 et cette inscription en lettres gothiques : *Dat mater hæc salutem.*

Il existe dans le village plusieurs auberges; mais le voyageur ne doit pas s'attendre à y trouver beaucoup de confortable. Du gros vin noir et plat de Provence, que l'on appelle le bon vin (qu'est-ce donc que le mauvais?), des œufs, des tomes fraîches et du beurre, voilà le menu, et le tout affreusement cher et servi dans une salle enfumée, basse et encombrée de tables assez malpropres. Au reste, il ne faut pas se montrer trop difficile dans les montagnes. Une demi-heure doit suffire pour visiter l'église, se reposer et déjeuner. On peut ensuite monter au château.

Il tombe presque en ruines. Quelques gardes

forestiers seuls l'habitent aujourd'hui. Sa forme n'est ni moderne, ni ancienne. Il est probable qu'il a été rebâti tel qu'on le voit aujourd'hui, après que ses fortifications et peut-être la totalité de ses bâtiments eurent été démolis sous Louis XIII, lorsque ce prince fit abattre tous les châteaux-forts qui se trouvaient en Dauphiné, surtout dans le voisinage des frontières. On aperçoit encore quelques restes de ses remparts et de son enceinte première. A voir sa situation, on comprend qu'il devait être un poste militaire d'une grande importance, et cependant il est peu question de lui dans l'histoire des guerres du Dauphiné et de la Savoie. Au bas de la montée qui y conduit, se trouve un champ auquel a été conservé le nom de *Champ des Sarrasins*, sans qu'il soit possible de dire l'origine véritable de ce nom, qui a donné lieu à plusieurs commentaires dignes du roman plutôt que de l'histoire. Chorier cite un seigneur d'Entremont, Sébastien de Montbel, qui eut plusieurs fois de graves démêlés avec les Chartreux. Il est étonnant que, dans les guerres de religion qui ont pendant si longtemps désolé le Dauphiné au XVIe siècle, ce château, situé dans une position alors presque inexpugnable, n'ait pas joué un rôle plus important. Avant 1789, il appartenait aux Chartreux, qui l'avaient acquis des anciens seigneurs. Aujourd'hui il n'y a rien de bien remarquable à y voir ; mais la magnifique perspective dont on jouit du haut de ce mamelon vaut seule la peine d'y monter. De là, en effet, les regards s'étendent, au midi, sur la longue chaîne du Haut du Seuil et les vastes prairies de l'Arpette ; au bas de cette grande muraille de rochers se trouve la source du Guiers-Vif ; au nord, se distinguent dans un immense lointain les plaines de Bièvre, de la Côte Saint-André, et un amas de formes indécises que l'on dit être Lyon et ses maisons de huit étages, les coteaux de Fourvières, de Sainte-Foix et une longue ligne blanche qui indique le cours du Rhône ; au levant, la vue est bornée par un pic isolé qui s'élève à une assez grande hauteur et qui se nomme le rocher Véran ou Chéran. Au bas du mamelon et au pied du château, le Guiers-Vif roule ses ondes dans une gorge profonde ; enfin, au couchant, on aperçoit la vallée des Eparres, dont le mont Renard ouvre l'entrée, et à la suite duquel s'étend la longue chaîne du Grand-Som. De la vallée des Eparres, qui doit son nom aux blocs nombreux tombés des cimes qui la dominent, on peut descendre sur le chalet de Bovinant, dont nous avons parlé à propos de l'ascension du Grand-Som, et de là revenir à la Grande-Chartreuse. Mais je ne conseille pas au voyageur de suivre ce chemin; il ne verrait pas les grottes profondes et curieuses d'où sort le Guiers-Vif, et il se priverait, pour économiser deux heures au plus de fatigue, de voir ce qu'il y a de plus intéressant dans sa course. Une heure et demie en effet peuvent suffire pour monter à Saint-Pierre-d'Entremont et en redescendre.

La visite du château terminée, ou plutôt lorsqu'on a suffisamment contemplé le spectacle qui s'offre aux regards, de cette élévation, il faut, sans perdre de temps, repartir immédiatement. Le guide que l'on a pris à Saint-Laurent du Pont ne peut conduire dans les grottes d'où sort le Guiers. Il n'a ni l'échelle, ni la paille, ni la connaissance des lieux nécessaires pour cette expédition. Il est donc indispensable de s'en procurer un spécial dans le pays; mais ce n'est pas à Saint-Pierre d'Entremont qu'il faut le chercher. Avant d'arriver aux grottes, on traversera le hameau de Saint-Mesme. On trouvera là des guides excellents et qui ont une grande habitude de ces cavités souterraines dans lesquelles ils conduisent fréquemment les voyageurs.

On se met donc en route en traversant le Guiers sur un pont de bois solide, quoique le plancher soit en fort mauvais état. Au bout de ce pont, se tiennent MM. les soldats de la douane qui font subir au carnier que l'on porte une visite peu sévère, car ils comprennent bien qu'ils ont affaire à des touristes et non à des contrebandiers. Le chemin monte parfois, puis descend; en somme, il n'est pas pénible. En une demi-heure on atteint le village de Saint-Mesme. On a bientôt trouvé un guide qui se munit d'une échelle et de deux bottes de paille. L'échelle est pour franchir les mauvais pas qui se présenteront avant d'atteindre l'entrée des souterrains, la paille servira à faire une quantité de petites torches pour éclairer la profondeur des galeries et permettre d'admirer les nombreuses stalactites qui les tapissent. Après le village de Saint-Mesme, on traverse de nouveau le Guiers sur un pont situé à côté d'un moulin et l'on rentre en France. Bientôt le chemin monte et s'enfonce dans une forêt de sapins. Là, au moins, on est à l'ombre. En levant la tête, on voit le Guiers se précipiter en large cascade en-dessous d'une vaste ouverture ; ce n'est pas celle par laquelle on pénétrera ; celle-ci est cachée par un repli du terrain. Après la forêt, on redescend sur le bord du Guiers et l'on revient en Savoie en traversant le torrent sur un pont construit pour les amateurs, et qui se compose de deux sapins jetés d'un bord à l'autre de son lit, et sur lesquels il faut marcher avec précaution. Alors commence, à gauche, une montée on ne peut plus pénible, au travers de rochers, de pierres et de quelques rares arbustes. Le muguet des bois, charmante fleur que les savants ont baptisée d'un nom bien long en *um* ou en *us*, si ce n'est en *a*, couvre la terre de ses feuilles vertes et de ses petites cloches blanches dont l'odeur est si suave; mais on n'est pas bien disposé à faire attention à lui, car la fatigue se fait sentir vivement. De temps en temps, on lève les yeux pour voir si l'on avance et, chaque fois, il semble que la caverne recule. Dans deux endroits, il faut se servir de l'échelle pour franchir un petit banc de rochers qui s'élève perpendiculairement. Le guide passe le premier, puis tient l'échelle et tend la main à celui qui monte. Enfin, après une bonne heure depuis le village de Saint-Mesme, car on ne va pas bien vite en marchant de la sorte, après des efforts pénibles, on atteint le pied de l'immense rocher que l'on appelle l'anche du Guiers et qui fait partie de la grande montagne du Haut-du-Seuil. On suit pendant quelques minutes un sentier très-étroit en s'appuyant d'une main au rocher. On est au-dessus des cascades que l'on a contemplées en montant et la caverne s'ouvre à quelques pas.

Arrivé là, on s'assied et l'on se repose. Les guides font du feu, et le bois mort ne manque pas tout autour d'eux. Le feu est tout à fait nécessaire pour sécher un peu les vêtements mouillés par la transpiration, avant de s'engager sous ces voûtes humides et froides. Un quart d'heure de soleil, de flammes et de repos suffisent. Alors on descend dans une espèce de ravin qu'il faut traverser avant d'atteindre à la grande ouverture. Comme l'échelle ne serait pas assez longue pour conduire au fond, les guides ont eu le soin, il y a quelques années, d'y placer un grand sapin dont les branches ont été coupées à trente centimètres du tronc. Chaque branche forme un échelon et, grâce à cet ingénieux moyen, on arrive au bas assez facilement. On remonte ensuite, en se servant tantôt de l'échelle, tantôt de ses pieds et de ses mains. Les guides aident les moins agiles, et on se trouve enfin sur la plate-forme. Là, les bottes de paille sont déliées et les guides, en quelques minutes, ont fabriqué une trentaine de torches.

Quand on s'est enfoncé sous ce vaste portique, on rencontre tout d'abord un énorme pilier qui semble destiné par la nature à soutenir la voûte. Il y a quelques années, les gens du pays avaient entrepris de l'abattre, sur l'assurance d'un sorcier fort en crédit dans ces montagnes, qui affirmait qu'on y trouverait de l'or. Comme on le pense bien, on n'y trouva rien et l'on gâta en pure perte un objet curieux à voir. Une partie seulement de ce pilier subsiste encore; mais les filtrations incessantes des eaux le rétabliront à la longue. Un peu avant ce pilier, une modeste croix de bois s'élève du milieu de quelques pierres; sa vue cause une certaine sensation. Cette croix est-elle destinée à conserver le souvenir d'un événement funeste? A-t-elle été plantée là pour rappeler au voyageur, au moment où il va s'enfoncer sous ces voûtes si noires et si profondes, la pensée de celui dont le salut de chacun dépend? Quoi qu'il en soit, on ne peut s'empêcher, en l'apercevant, d'éprouver une impression étrange.

Quelques pas plus loin, s'ouvrent deux galeries dont la voûte est très-élevée. On pénètre par celle de gauche, on reviendra par celle de droite. La lueur de la paille embrasée répand un éclat fantastique dans ces immenses couloirs dont le sol est couvert de gros blocs détachés des parois ou de la voûte. Des stalactites curieuses s'offrent aux yeux de tous les côtés. Elles imitent une multitude d'objets divers; mais il est assez difficile d'en séparer quelque partie à cause de leur adhésion au rocher. Tantôt on monte, tantôt on descend, en s'aidant parfois des pieds et des mains. Des quartiers de roc semblent suspendus au-dessus de la tête et prêts à tomber; de distance en distance on rencontre des ouvertures, mais placées trop haut pour qu'on puisse y parvenir, ce sont probablement les entrées de quelques galeries supérieures. A certains endroits, en frappant du pied le sol, on entend un bruit sourd très-distinct, qui annonce que d'autres cavités existent en dessous. Il est à peu près certain, en effet, que toute la montagne a été creusée par les eaux et que l'on se trouve sur des voûtes plus élevées peut-être que celles que l'on a au-dessus de soi.

Après un quart d'heure de marche, la descente devient plus rapide, la voûte s'abaisse et l'on arrive enfin à un petit lac qui s'enfonce sous la montagne. Il est impossible dès-lors d'aller plus loin. L'eau de ce lac est tellement limpide, qu'on ne l'aperçoit pas et le voyageur y plongerait ses pieds, si le guide ne le retenait. Nous voulûmes en boire, mais mal nous en prit. Elle était si glacée qu'elle nous paralysa la gorge. Jamais eau de montagne, même sortant immédiatement d'un glacier, ne m'a fait éprouver un effet semblable.

L'on revient sur ses pas en suivant en partie la même route. Il faut une grande habitude de la part du guide pour ne pas s'égarer dans ces souterrains. Si l'on n'était pas bien pourvu d'allumettes et que les torches de paille vinssent à s'éteindre, je ne sais comment on s'en tirerait. Çà et là des flaques d'eau, presque invisibles à cause de leur transparence, se rencontrent sous les pas, et il faut les éviter avec soin, tout en prenant garde de ne pas glisser sur les stalagmites qui couvrent le sol. Nous détachâmes à coups de pierres une stalactite très-curieuse qui pendait à la voûte et que nous emportâmes comme un souvenir de notre expédition.

Après une demi-heure employée à parcourir ces grottes immenses, on revoit le jour avec plaisir. L'humidité a pénétré les vêtements, l'on a froid et l'on se hâte de revenir auprès du feu ou au soleil. Je conseille cependant encore au voyageur de suivre le guide dans le couloir qui s'ouvre à droite, au fond du ravin dans lequel il est descendu par les branches du sapin. Le trajet n'est pas long, mais il est pénible. Au bout de quelques minutes, on arrive à l'ouverture que l'on a aperçue d'en-bas. C'est là que le Guiers prend naissance. Il sort en bouillonnant avec bruit du rocher qui sert de plate-forme à cette grotte, absolument comme ces sources que l'on voit ailleurs sortir de terre. Par quels conduits arrive-t-il là ? D'où vient-il ? On en est réduit à faire des conjectures. On n'a pu apercevoir, dans les souterrains que l'on vient de visiter, le moindre ruisseau ; des suintements légers, quelques mares d'eau limpide, voilà tout ce que l'on a vu. Il faut bien croire alors qu'il y a d'autres galeries inférieures qui donnent passage aux eaux réunies dans leur intérieur, et que l'on n'a visité qu'un de leurs étages supérieurs. Cette visite néanmoins laisse un vif sentiment de plaisir. Les merveilles de la nature, même celles que la lumière n'éclaire pas, causent toujours une sensation agréable.

Après s'être réchauffé, soit au soleil, ou devant le feu, on se remet en route. La descente, toute rapide qu'elle soit, est moins pénible et moins longue que la montée. L'échelle sert une fois ou deux encore à se tirer des mauvais pas, et l'on se trouve bientôt au bord du Guiers, à l'entrée du pont de sapins que l'on franchit de nouveau. Désormais on est en France, on n'en sortira pas en revenant. On s'assied sur l'herbe un moment, on contemple encore les deux cascades du torrent et les ouvertures béantes par lesquelles on a pénétré dans la montagne, puis on traverse une seconde fois la forêt de sapins et l'on reprend le chemin de Saint-Mesme. Arrivé au pont du Moulin, au lieu de rentrer en Savoie, on suit une espèce de large sentier qui conduit dans la direction du Chenevé. Mais auparavant on paie le guide dont on s'est muni à St-Mesme. Si l'on n'a pas fait son prix d'avance avec lui, on peut être assuré d'être rançonné sans miséricorde. Ces messieurs ne se font pas scrupule de demander jusqu'à 10 fr. pour une course de deux heures et demie, qui n'offre pas le moindre danger et qui pour eux n'est pas très-pénible. Au reste, ils ont l'habitude de se faire payer d'après le nombre des curieux qu'ils conduisent.

Le Chenevé, vers lequel on se dirige, est un

hameau que l'on rencontre sur son chemin, en gravissant une montée qui, de la vallée où est situé Saint-Mesme, conduit dans celle des Meuniers. Il y a le Grand et le Petit Chenevé ; le grand est placé sur le revers de la montagne du Grand-Som. En suivant ces chemins au milieu des taillis assez épais qui les bordent, on voit parfois surgir tout-à-coup, du milieu des branches, un douanier armé de son fusil et qui vous somme de vous arrêter pour plonger sans façon ses mains dans vos poches, dans votre carnier et s'assurer avec les plus grandes précautions que vous n'êtes pas un contrebandier.

La vallée des Meuniers, à l'entrée de laquelle on doit se trouver à deux heures et demie, est située en dessous et dans tout le prolongement du Grand-Som qui la sépare du désert de la Grande-Chartreuse. Elle est verte, riante et très-bien cultivée. De là on aperçoit constamment à sa droite le pic élevé et la croix où nous avons déjà conduit le voyageur. Si les rochers qui s'élèvent au-dessus des terrains et des bois le permettaient, on pourrait faire l'ascension de la montagne et descendre de l'autre côté. Mais la chose est impossible et d'ailleurs le temps manquerait. A l'entrée de cette vallée, il est bon de s'arrêter et de faire un léger repas avec les provisions dont le carnier ne doit jamais être complètement dégarni. La liqueur mêlée à l'eau des petits ruisseaux qui sortent de tous côtés fait, comme toujours, une excellente boisson, et ce repas sert d'intermédiaire entre le déjeuner de neuf heures du matin, à Saint-Pierre-d'Entremont, et le dîner que l'on fera à sept heures à la Grande-Chartreuse.

Dans tout le prolongement de cette longue vallée, la route monte continuellement pour aboutir au sommet du col du Cucheron; une multitude de petits hameaux sont dispersés sur le versant des deux montagnes. Après le Grand-Chenevé, à droite, c'est d'abord le Villard, puis les Reys, ensuite les Arragons; à gauche, les Vassaux, le Cloître, les Viallet, et enfin les Meuniers. Dans aucune de ces petites réunions de maisons on ne trouve cet air de misère qui se fait remarquer dans les vallées de l'Oisans, dans celle même du Sappey. Les habitants ont un air de santé et de contentement qui étonne et fait plaisir. L'église des

Meuniers, qui est à une courte distance du point extrême du col du Cucheron, a été rebâtie depuis peu d'années par les Chartreux. Elle est remarquable par sa propreté et l'élégance de son intérieur. Sur son frontispice, on voit le globe surmonté d'une croix, armoiries de l'Ordre des Chartreux. Pendant l'hiver, qui dure longtemps dans ces régions élevées et profondement encaissées, les chasseurs tuent parfois des ours d'une taille énorme. Mais on n'y voit pas de chamois. Les chroniques du pays assurent qu'il y en avait autrefois, ainsi que des cerfs et des biches. Je ne sais si la chose est vraie, mais ce qu'il y a de certain, c'est qu'on n'en voit pas aujourd'hui. Les chamois se sont réfugiés dans les hautes cimes de l'Oisans et du pays d'Allevard, ainsi que sur le revers de Charmanson. Quant aux ours, ils n'ont pas jugé à propos d'émigrer. Les avoines de ces montagnes les y retiennent, et ils y font souvent des dégâts considérables.

A gauche du col du Cucheron, est une montagne plus élevée où se voit une immense prairie. Ce sont les pâturages du *Soulier*. S'il fallait rechercher les origines de tous ces noms bizarres donnés aux diverses localités, on arriverait peut-être à de curieuses découvertes de légendes ou d'événements intéressants. Le sommet du col franchi, on descend continuellement sur Saint-Pierre de Chartreuse. Les pics du Sappey se montrent au loin, Chame-Chaude avec le rocher bizarre qui le surmonte, Charmanson, la Pinéa, etc. Une heure est nécessaire pour arriver au principal hameau qui porte le nom de Saint-Pierre et où se trouve une église que les Chartreux ont aussi restaurée. C'est là qu'eut lieu l'incendie dont nous avons parlé précédemment. La route n'offre rien de bien remarquable. Ce sont toujours des champs cultivés, des coteaux boisées et de hauts sommets par derrière. St-Pierre de Chartreuse, qui a donné son nom au couvent et à l'Ordre célèbre de Saint-Bruno, est une commune qui compte environ 1800 habitants. Elle est traversée, dans sa partie inférieure, par le Guiers-Mort, formé par plusieurs petits cours d'eau, dont le principal sort d'une grotte qui ne mérite guère d'être visitée, car elle est loin d'offrir le même intérêt que celle de laquelle vient le Guiers-Vif. Les autres ruisseaux qui l'alimentent descendent de la roche du Pet, du col de Gelin et de la montagne d'Arbèle. Nous avons déjà indiqué son cours. Cependant, il existe plus haut, dans la montagne, des cavernes très-étendues et dont la visite est fort intéressante. On les appelle *Trous du Glas*. Il s'y trouve de profondes cavités dans lesquelles on descend avec peine. Du fond des crevasses qui les coupent parfois, on entend s'élever un bruit sourd et continu. Les guides assurent que ce bruit est produit par les eaux du Guiers qui coulent dans ces profondeurs pour venir ensuite sortir par l'ouverture dont j'ai parlé plus haut.

En-dessous de l'église, le chemin, après avoir suivi pendant un quart d'heure environ le Guiers, qui a atteint toute sa grosseur, vient rejoindre celui du Sappey qui conduit au couvent. On passe en-dessous du Grand Logis et de la chapelle de Saint-Hugues, on traverse le torrent sur un pont en pierre qui date de l'administration des Chartreux, et bientôt on arrive aux portes du désert.

Nous avons déjà décrit cette magnifique

entrée en traçant l'itinéraire de Grenoble au couvent par le Sappey. On doit arriver à la Chartreuse vers sept heures au plus tard. On est fatigué, mais heureux de sa course et riche des souvenirs que l'on en rapporte.

ROUTE DE LA GRANDE-CHARTREUSE

Par Saint-Égrève, Proveysieux, la Charmette, Tenaison, le col de la Cochette et Vallombrée.

—

Des quatre routes que nous avons entrepris de décrire, la plus courte, la plus facile, la plus intéressante et la plus pittoresque, sans contredit, est celle qui, partant de la gare de Saint-Robert, conduit à la Grande-Chartreuse par le village de Proveysieux et les magnifiques forêts de la Charmette et de Vallombrée. Nulle autre n'offrira au voyageur des ombrages aussi frais, des prairies aussi vertes, une nature aussi gracieuse. Je ne lui conseille pas de la faire tout entière à pied. La montée de Saint-Egrève à la croix de la Charmette est longue et pénible, il est facile d'en supprimer la fatigue en se procurant un mulet. Ce mode de transport est bien préférable à celui d'une voiture. On peut s'arrêter, descendre à volonté, rien ne s'oppose aux regards et ne gêne la vue. A cet effet, il faut s'y prendre au moins deux jours à l'avance et écrire à M. Louis Sestier, à Proveysieux. Intrépide marcheur, d'une complaisance à toute épreuve, poli, empressé, connaissant parfaitement les localités que l'on devra traverser, M. Sestier est un excellent guide et il se charge de procurer les mulets qui seraient nécessaires. Seulement il faut bien que le voyageur sache que ces mulets ne vont pas ordinairement plus loin que le chalet de la Charmette, c'est-à-dire aux deux tiers du chemin environ, le reste de la route doit se faire à pied, à cause de la montée du col de la Cochette, qui dure à peu près une demi-heure. Mais à partir de la Charmette, on est constamment en plaine ou en descente et à l'ombre, sauf la courte montée dont je viens de parler ; la peine est donc peu de chose et le plaisir que l'on goûte n'est pas troublé par la fatigue.

En écrivant au guide, on lui donne rendez-vous soit à la porte de France, soit à la gare de Saint-Robert, et il vient attendre le voyageur à l'endroit indiqué. Si l'on préfère partir par le chemin de fer, il faut prendre le train qui sort de la gare de Grenoble à cinq heures quarante-sept minutes du matin et arrive à Saint-Robert, section de la commune de Saint-Egrève, à cinq heures cinquante-neuf minutes; la gare est située derrière les vastes bâtiments de l'asile des aliénés et à vingt minutes de la route impériale. Que le lecteur nous permette de lui faire connaître, en quelques mots, l'asile de Saint-Robert, établissement qui, par son importance et les services qu'il rend, s'est placé au premier rang des maisons de ce genre en France.

C'était anciennement un prieuré de Bénédictins dépendant de l'abbaye de la Chaise-Dieu en Auvergne. Sa fondation est attribuée à Guigues le Vieux, comte d'Albon, qui prit, vers 1040, le titre de comte de Graisivaudan et fut la tige des Dauphins. Guigues le Vieux mourut en 1075, et c'est cinq ans avant sa mort, en 1070, qu'il jeta les fondements du prieuré qui fut achevé, à ce qu'il paraît, par son fils Guigues II, dit le Gras. Ce dernier fut enseveli sous les voûtes du cloître, ainsi que Guigues III.

Ces princes ne se contentèrent pas de faire bâtir ce monastère, ils l'enrichirent par des dons de toute espèce. Leurs successeurs confirmèrent tous les privilèges que les premiers Dauphins lui avaient accordés. Guigues-André, par un acte de 1223, permit aux moines d'acquérir des fiefs, et Guigues VII leur attribua de nouveaux privilèges.

La renommée du monastère de Saint-Robert et de la vie exemplaire des religieux qui l'habitaient ne tarda pas à se répandre au loin. Une foule de princes, d'évêques et de seigneurs ajoutèrent leurs libéralités à celles des dauphins. Humbert II assigna au prieuré un revenu de cent florins d'or delphinaux en la paroisse de Saint-Egrève ou ailleurs, au mandement de Cornillon, et la juridiction haute, moyenne et basse de ladite paroisse de Saint-Egrève. Plus tard, le prieuré fut érigé en abbaye et l'abbé autorisé à porter l'anneau, la mître et la crosse ou bâton pastoral. Le nombre des moines fut porté de dix-huit à trente-quatre, et l'abbé s'engagea à prêter hommage au dauphin pour la paroisse de Saint-Egrève, ainsi que pour ce qu'il aurait à Cornillon et dans tout le Dauphiné. Lorsque l'abbé venait à décéder, les armes delphinales étaient placées, en signe de protection, sur la porte du couvent jusqu'à ce qu'il y eût un abbé canoniquement nommé et confirmé (1).

Les richesses et les propriétés du couvent de Saint-Robert s'augmentèrent ainsi jusqu'à la Révolution. Le 5 mars 1791, les religieux se virent expulsés de leur maison, leurs biens furent adjugés à l'Etat et vendus comme domaines nationaux. Le monastère fut acheté par M. Dalban, pour la somme de 36,000 fr., par l'intermédiaire de M. Rey, notaire à Grenoble; la vente est du 21 janvier et son contenu autorise les religieux à rester dans leur cloître jusqu'au 5 mars suivant.

En 1812, le gouvernement se rendit acquéreur de ces bâtiments dans l'intention d'en faire un dépôt de mendicité. Il fit élever, sur l'emplacement de l'ancienne église, un vaste

---

(1) Au nombre des prieurs abbés de Saint-Robert on remarque deux évêques de Grenoble, Jean de Sassenage et de Caulet.

corps de bâtiment. Achevé en 1817, cet établissement reçut la population de Bicêtre. En 1818, on y évacua les prisonniers que renfermait la prison de Grenoble. Plus tard, on les remplaça par des aliénés et on y admit en même temps des malades affectés de maladies particulières de la peau. On y établit ensuite un service de maternité pour les filles-mères et une école d'accouchement pour les sages-femmes. En 1846, ces deux derniers établissements furent transférés à l'hospice de Grenoble, et la maison de Saint-Robert affectée uniquement au traitement des aliénés. Grâce aux améliorations introduites et à l'habile direction de M. Evrat, dont le nom mérite d'être signalé à la reconnaissance publique, le nombre des aliénés traités à Saint-Robert s'est élevé, en quinze ans, de 177 à 389, et, chaque année, un certain nombre de malheureux qui semblaient condamnés à une démence perpétuelle, rentrent dans la société guéris et bénissant la main qui leur a rendu le plus précieux des biens, la raison.

A l'arrivée de M. Evrat, l'établissement se trouvait dans un état regrettable. Par son activité, son zèle et sa haute intelligence, l'asile de Saint-Robert se vit complètement régénéré. Le local fut amélioré, le service administratif et hospitalier réorganisé. Quatorze sœurs de charité de l'ordre de Saint-Vincent de Paul, dont la maison-mère est à Naples et la maison provinciale à la Roche en Savoie, furent chargées du service de l'intérieur et des soins personnels à donner aux malades.

Depuis 1855, les constructions de l'asile primitif ont été considérablement augmentées et agrandies. Quatorze corps de bâtiment nouveaux, avec de vastes cours et de belles salles, où l'air, la lumière, la chaleur sont répandus à profusion, ont été élevés. On a dissimulé avec soin tout ce qui pouvait rappeler aux infortunés qui y sont renfermés l'idée de leur reclusion. Un immense enclos existe au midi de l'établissement. Il s'y trouve des jardins potagers, des parterres, de longues allées bien ombragées, des eaux abondantes et limpides. Quand tous les travaux projetés ou en voie d'exécution seront achevés, l'asile de Saint-Robert occupera un rang distingué parmi les maisons que la bienfaisance de l'État consacre au soulagement des misères de l'humanité, et son directeur, dont les infatigables démarches ont puissamment contribué à amener ce développement, et qui y déploie, depuis quinze ans, tant de talent, de courage et de dévouement, aura bien mérité du département de l'Isère et de tous ceux qui s'intéressent aux souffrances des malheureux.

En sortant de la gare, on suit un chemin bordé d'arbres qui traverse une petite plaine d'une admirable fertilité. On laisse derrière soi les montagnes de Sassenage et du Villard de Lans et l'on contemple les hauts sommets de la Roche et de la Pinéa, au pied desquels s'engage la route que l'on va suivre pour parvenir à Proveysieux. Saint-Robert avait autrefois une ferme-école qui jouissait d'une réputation méritée par les produits qu'elle donnait et les élèves qu'elle formait. Les ravages considérables que les eaux ont faits dans le pays en 1856, et une direction qui aurait pu être mieux entendue, ont amené la déconfiture de cet établissement. Le village de Saint-Robert est situé sur la route impériale de Grenoble à

Lyon, St-Egrève est un peu plus haut. L'église et la mairie viennent d'être restaurées ; le voyageur n'a pas à se détourner pour les visiter.

A peine a-t-on dépassé les dernières maisons de Saint-Egrève pour commencer le chemin rapide qui a reçu dans le pays le nom de *la Monta* qu'on voit se dresser devant soi, à gauche, la montagne de la Roche ou de l'Eglise et, à sa suite, celle de Charve ; à droite, après le prolongement du Casque de Néron, la haute cime de la Pinéa et, un peu au-dessous, la bizarre pyramide de l'Aiguillette, sur laquelle, malgré sa forme, il est assez facile de parvenir. L'aspect de ces montagnes n'a rien de triste, tout y est vert de la base au sommet.

Un peu plus loin, la montée cesse d'être aussi rapide, le chemin s'enfonce dans le large vallon qui conduit à Proveysieux. Il est parfois encaissé entre des berges assez élevées, bordées de haies vives ou de grands arbres qui répandent sur le voyageur une ombre agréable. La Vence roule ses eaux tout au fond, et sur ses bords se dessine le chemin de Quaix, village situé de l'autre côté de la montagne. Des maisons isolées, des moulins, des prairies et de grands bois tapissent les deux côtés de l'espèce de précipice qui s'offre aux yeux du voyageur. S'il regarde derrière lui, il aperçoit une partie de la plaine de Saint-Egrève, le rocher de l'Echaillon et la Dent de Moirans ; puis, plus près de Grenoble, les montagnes du Villard de Lans, de Sassenage et même de Saint-Nizier. Çà et là quelques groupes de maisons, par leur blancheur, tranchent sur la couleur verte des blés ou des prairies. L'Isère serpente au pied de la montagne. Ce petit coin de tableau, vu de la hauteur où l'on se trouve, au milieu de sommets élevés qui lui forment comme un cadre immense, a quelque chose qui impressionne vivement.

On suit pendant plus d'une heure et demie le vallon tracé entre ces deux chaînes de montagnes, on traverse divers hameaux qui appartiennent à la commune de Proveysieux. On voit toujours à sa droite le Casque de Néron, montagne de forme bizarre et qui menace perpétuellement le hameau de la Buisserate de son énorme masse ronde, tandis qu'à son autre extrémité, du côté de Proveysieux, elle dresse dans les airs sa haute cime pyramidale.

A gauche, se dessinent, sur des sommets moins élevés, une multitude de rocs de tournure singulière, découpés de toutes manières et imitant des ruines de fortifications gigantesques. Ces rochers appartiennent à une montagne que l'on appelle le Sappey et qu'il ne faut pas confondre avec celle du même nom qui est située au-dessus de Grenoble. Derrière ces rochers se cache Saint-Martin de Cornillon, humble commune ou fraction de commune.

A huit heures, on arrive à Proveysieux, dont le nom, formé de *pro videre,* vient sans doute du vaste horizon qui s'offre aux regards de cette hauteur. Comme on est parti de grand matin et sans avoir déjeuné, il est essentiel de s'arrêter quelque part pour se restaurer. Je conseille cependant au voyageur de marcher encore un peu de temps et de continuer sa route jusqu'au hameau de Pomaré. On a bientôt traversé Proveysieux dont l'église se voit du chemin que l'on suit. De jolies maisonnettes l'entourent; au milieu d'elles se distingue celle du curé. Au-devant est une petite terrasse d'où la vue se promène au loin sur cette multitude de sommets dont nous avons déjà nommé les principaux. L'église de Proveysieux est, comme la plupart de celles des communes qui entourent Grenoble, propre et bien tenue, mais il n'y a rien de remarquable. On compte à Proveysieux six cents habitants. Le blé, le chanvre et, en général, toutes les céréales y réussissent très-bien. Les noyers et les châtaigniers y croissent ensemble. J'y ai vu des dalhias en fleurs, au mois de juin, comme dans les jardins de la plaine les mieux exposés au soleil.

Après avoir dépassé l'église et le principal hameau de Proveysieux, on rencontre diverses agglomérations de maisons, entre autres le Gua, où l'on franchit sur un pont un petit torrent. Ce pont a été construit pour rendre la route plus praticable et moins escarpée ; après son achèvement, on s'est aperçu qu'il n'était pas suffisamment élevé et qu'il n'adoucissait pas assez les deux rampes. Maintenant, une grave discussion s'est engagée entre les gros bonnets de l'endroit ; les uns veulent qu'on refasse le pont en l'exhaussant, les autres qu'on en construise un second sur le premier, de manière à imiter les fameux ponts-aqueducs des Romains. Il y a, comme on le voit, dans ces hautes régions des idées élevées; mais je crains bien que la divergence d'opinions ne cesse pas de sitôt.

Après le Gua, on traverse Savoyardière, fondé probablement par une colonie de Savoyards; enfin on atteint Pomaré, dernier groupe de maisons que l'on rencontrera jusqu'à la Grande-Chartreuse. Pomaré doit sans doute son nom aux nombreux vergers qui l'entourent et dont les fruits mûrissent très-bien, malgré la hauteur à laquelle ils croissent. C'est là que je conseille au voyageur de s'arrêter pour déjeuner. Il trouvera, dans l'auberge du sieur Gaude, un accueil prévenant, du vin passable, des œufs très-frais, du pain très-blanc, et une cuisine qui, pour être en montagne, n'est pas cependant sans quelque mérite. Au reste, ce premier repas n'a lieu que pour attendre le second qui se fera au bord du charmant ruisseau de Malamille, au bas de la descente du col de la Cochette, avec les provisions que renfermera le carnier. Une demi-heure de halte à Pomaré suffit donc; à neuf heures, on remonte sur sa bête et, précédé par le guide, on se dirige vers la Charmette.

A une heure et demie dans la montagne, au-dessus de Pomaré, existe, au fond d'une vaste dépression de terrain en forme d'entonnoir, un glacier que les habitants du pays appellent *la Glacière*. Dans les années qui ont eu un hiver peu rigoureux, on en extrait une quantité considérable de glace que l'on transporte à Grenoble sur des traîneaux. L'ascension de ce glacier n'est pas pénible, mais il faut compter sur un retard de deux heures et demie, si on veut le visiter, et réellement il n'y a rien d'assez curieux à y voir pour compenser cette perte de temps et la fatigue de la montée. Le voyageur n'a donc rien de mieux à faire que de continuer sa marche. Les montagnes de l'Oisans, d'Allevard, des Sept-Laux, lui offriront, s'il désire en voir, d'autres glaciers vraiment dignes de ce nom.

Deux heures sont nécessaires pour arriver sur le plateau où s'élève la croix de la Charmette. Le chemin est constamment encaissé entre des montagnes et bordé d'arbres. On s'avance à l'ombre ; de belles prairies s'étendent à droite et à gauche, elles sont entrecoupées de bois taillis ; un ruisseau, qui va se réunir à la Vence, coule au fond d'un petit ravin à gauche. Cette route est charmante ; on est environné d'ombre et de fraîcheur ; on se laisse aller au pas de sa monture, respirant avec délices l'air embaumé par les senteurs qui s'exhalent des forêts et des mille fleurs des prés. De temps à autre un ruisseau coupe le chemin, une charbonnière élève dans les airs sa colonne de fumée, ou la cognée d'un bûcheron invisible interrompt le silence. Le Grand-Som laisse entrevoir dans le lointain sa cime majestueuse ; on est tout à fait dans le désert, mais un désert plein de poésie. En vain le guide cherche à attirer l'attention sur sur quelque particularité de la route ; en vain mille plantes, qui feraient la joie des botanistes, étalent leurs feuilles ou leurs fleurs sur la lisière du bois, on ne voit rien, on n'entend rien, ou plutôt on éprouve tant de sensations réunies que les détails échappent. Aussi les deux heures que j'ai dit nécessaires pour atteindre la Croix de la Charmette passent vite, et l'on ne tarde pas à la voir surgir sur le plateau qui lui a donné son nom. Cette croix est très-ancienne ; elle date, dit-on, de 1567. La Révolution, qui a renversé et mutilé les signes religieux dans presque toute la France, les a respectés dans les montagnes du Dauphiné. Sur un large piédestal s'élève un gros pilier carré et creusé par devant de manière à former une niche qui renfermait jadis une statue de la Vierge. Au-dessus a été placée une croix de pierre assez basse; aussi ne la voit-on pas de loin; mais, telle qu'elle est, elle intéresse encore par le souvenir des temps anciens qu'elle rappelle. C'est là que se termine le canton nord de Grenoble et que commence celui de Saint-Laurent du Pont.

Le guide nous fit remarquer, derrière le piédestal, les traces encore visibles de fouilles opérées, il y a quelques années. Il nous assura, avec le plus grand sérieux, que les Chartreux, qui étaient fort riches avant la Révolution, avaient caché dans les bois, en une multitude d'endroits, leurs nombreux trésors, espérant que, lorsque la tourmente révolutionnaire serait passée, ils pourraient revenir dans leur désert et recouvrer leurs propriétés.

Des notes très-précises avaient été prises par eux, disait-il, et c'est par suite de ces indications qu'ils étaient venus, il y a six ans, fouiller au pied de la Croix de la Charmette pour en retirer *six bouteilles* d'argent. Le trésor, comme on le voit, n'était pas bien considérable, et le guide ne put m'expliquer pourquoi ils n'étaient pas venus reprendre leur bien plus tôt, au lieu de laisser s'écouler ainsi un intervalle de près de quarante ans depuis leur retour. Au reste, cette fable n'est pas d'invention nouvelle; elle s'est reproduite à bien d'autres époques et dans bien d'autres localités. L'imagination populaire avait démesurément grossi les richesses que possédaient les Chartreux lors de la Révolution, et il était naturel de supposer que ces trésors étant trop considérables pour pouvoir être emportés, ils avaient dû les enfouir. Aussi, à de nombreuses reprises, le Père général actuel a-t-il reçu des propositions de faire des fouilles pour retrouver quelques-unes de ces prétendues richesses. Des ecclésiastiques même, se disant bien positivement renseignés, ont sollicité et obtenu cette permission, et n'ont rien trouvé. Souvent le Père général a refusé l'autorisation demandée quand il s'agissait de chercher dans l'intérieur même des bâtiments de la Grande-Chartreuse; d'autres fois il l'a accordée, moyennant une somme de 100 fr. préalablement versée à la caisse des pauvres.

Puisque l'occasion se présente de parler de ces trésors fabuleux que possédaient les Chartreux, quand ils se virent chassés de leur paisible demeure, voici la vérité à ce sujet. Lorsque des troupes furent envoyées de Grenoble, au mois d'octobre 1792, pour les contraindre à partir et pour installer à leur place un administrateur nommé par le pouvoir dirigeant, la caisse du couvent renfermait 60,000 fr. Ils avaient, en outre, leurs reliquaires et leurs vases sacrés; et qu'on ne croie pas qu'ils s'attendissent à cette expulsion et que leurs précautions eussent été prises en conséquence. Loin de là, ils s'étaient toujours nourris de l'espoir que, grâce à l'obscurité et à la sainteté de leur vie, au bien qu'ils n'avaient cessé de faire, à l'affection vive et profonde dont ils étaient entourés dans leurs montagnes, à l'éloignement qu'ils avaient toujours montré pour toute espèce de politique, on les laisserait vivre en paix dans leur cloître, en se contentant de les dépouiller d'une grande partie de leurs propriétés. Aussi furent-ils pris au dépourvu, quand le détachement, qui avait marché toute la nuit, frappa de grand matin à la grosse porte du couvent, au nom de la loi et après avoir posté des factionnaires aux diverses issues de la maison. Il leur fallut se résoudre à partir. L'inventaire fut fait par l'agent de l'Etat en leur présence. On trouva, comme je l'ai dit, 60,000 fr. en espèces dans le trésor de la communauté. Cette somme fut partagée entre l'Etat et les religieux. Ceux-ci se distribuèrent entre eux les 30,000 fr. qu'on leur laissait pour aller mourir sur la terre étrangère. On leur permit aussi d'emporter leurs vases sacrés et leurs reliquaires. Tous s'expatrièrent, à l'exception d'un seul, dom Procureur, qui depuis de longues années administrait les biens du couvent et en avait, par conséquent, une connaissance parfaite. L'agent de l'Etat le retint auprès de lui, afin d'en recevoir les renseignements qui lui étaient indispensables pour sa gestion, et celui-ci aima mieux se séparer de ses frères que d'abandonner sa chère retraite, où il espérait mourir. La chapelle presque souterraine, où le Père général dit actuellement sa messe, lui servait à dire la sienne loin des regards hostiles; l'autorité fermait les yeux et ne voyait que l'utilité dont lui était ce compagnon de solitude. Quand le serment fut exigé des prêtres, on fit venir le bon Père à Grenoble et, comme on le pense bien, il refusa de s'*assermenter*. Dès lors il ne lui fut plus possible de rester à la Grande-Chartreuse, il dut se cacher dans les bois pour y attendre des jours meilleurs. Néanmoins il ne voulut pas, au commencement de sa vie aventureuse au milieu des forêts, emporter sa part des 30,000 fr. Il plaça son petit trésor et son calice dans une cachette qu'il croyait bien sûre et qui, cependant, fut découverte par des ouvriers venus de Grenoble dans l'espoir d'un butin quelconque. Ce qu'il y a de curieux, c'est que, quelques années après, devenu curé à Villette, près de Saint-Laurent du Pont, c'est à lui qu'un de ces pillards s'adressa pour se défaire du calice qui était resté entre ses mains. Ces détails, que je puis donner pour certains, serviront peut-être à faire cesser ces contes ridicules, débités sérieusement, adoptés de bonne foi par un grand nombre de personnes et auxquels, je dois le reconnaître, il ne manque pas une certaine apparence de vérité.

Quand on a dépassé la croix de la Charmette, le chemin s'avance sur un plateau que domine toujours, de chaque côté, une chaîne de montagnes couvertes de magnifiques forêts. A droite, ce sont les Fourneaux et les prés Bastard; à gauche, la roche du Pin et la forêt de Génieu où se trouvent d'énormes pièces de sapins. Au-devant de soi, on commence à distinguer les montagnes qui s'élèvent au fond de la plaine de Saint-Laurent du Pont. On arrive bientôt à un chalet assez vaste, situé au milieu même de la forêt. C'est là que s'arrête le mulet, et désormais il faudra suivre la route à pied. Cependant, je suis persuadé qu'en faisant ses conditions d'avance et en offrant de payer un supplément de prix, M. Louis Sestier consentirait à laisser aller le mulet jusqu'au couvent de la Grande-Chartreuse, sauf à mettre pied à terre pour la petite montée du col de la Cochette, où le sentier à peine tracé, presque effacé plutôt, exigerait cette précaution. Dans ce chalet résident les gardes forestiers. Ils y ont une chambre et une écurie. L'administration tolère à chaque garde deux vaches et une génisse, ce qui équivaut pour ces messieurs à trois vaches. On leur donne le logement pour ces animaux, le droit de pâture dans les forêts de l'Etat pendant la belle saison et une certaine étendue de prairie à faucher pour les provisions d'hiver. Chacun d'eux a un petit vacher qui soigne le bétail, le mène paître, le trait, fait avec le lait du beurre et du fromage qui se vendent aisément dans les environs. Ce petit revenu améliore la position de ces hommes laborieux, dont la vie est si pénible; il rend leur existence plus supportable.

Après une demi-heure de repos sous le toit de ce chalet, la marche recommence, mais elle n'a rien de fatigant. On descend continuellement en suivant le chemin de Vivet au milieu d'une immense forêt et toujours à l'ombre. Bientôt se présentent les belles prairies de Tenaison ; le sentier serpente au milieu d'elles. Trois quarts d'heure après avoir quitté le chalet, on rencontre un large emplacement que traverse un ruisseau d'eau limpide. Le guide fait remarquer que là existait, lorsque les Chartreux étaient propriétaires de toutes ces montagnes, un de ces vastes réservoirs comme on en voit encore aujourd'hui près du couvent et au-dessous du chemin des chapelles de Sainte-Marie et de Saint-Bruno. Le mur qui le soutenait du côté de la pente du terrain se voit très-distinctement. Il se trouvait là des usines dont les traces ont disparu ; là les Chartreux nourrissaient le poisson qui servait à leur consommation journalière et à celle des hôtes nombreux qui venaient visiter leur demeure. Le mur de ce réservoir avait une épaisseur énorme, à en juger par ce qui en existe encore, et il était d'une hauteur considérable. Il le fallait ainsi pour supporter la masse des eaux, car le réservoir était large et profond.

On continue à marcher au milieu de la forêt entre Pré-Bastard à droite et, à gauche, la grande et la petite Vache et le prolongement de la forêt de Génieu. L'on ne tarde pas à arriver sur un petit plateau où sont des pépinières de sapins. Trois grands compartiments renferment les plants d'un an, ceux de deux ans et ceux de trois ans. Les premiers, qui sortent à peine de terre, sont recouverts de branches d'arbres pour les protéger contre les ardeurs du soleil ou les pieds des bestiaux qui s'aventurent parfois dans ces prairies. Les plus avancés sont enlevés la quatrième année avec leur petite motte de terre et transplantés ensuite dans les forêts de l'Etat ou dans les lieux où l'on veut rétablir d'anciennes forêts détruites. On contemple avec une sorte d'intérêt ces longues lignes vertes, qui renferment chacune des milliers de ces petits arbustes verts, hauts d'un centimètre à peine, et qui deviendront, dans un siècle ou deux, ces arbres gigantesques, au port si majestueux et dont l'utilité est si grande.

Un peu après avoir dépassé ces pépinières pour lesquelles on abandonne volontiers un moment la voûte d'ombre sous laquelle on marchait, on rencontre de vieilles ruines éparses dans l'herbe. D'énormes pierres de taille gisent çà et là et l'ensemble des constructions se dessine encore assez bien à l'œil. C'est, d'après le guide, l'ancienne prison des Chartreux. Je ne comprends pas trop pourquoi ceux-ci seraient venus placer une prison dans un endroit aussi désert et surtout aussi éloigné de leur maison. Qu'ils aient eu une ou plusieurs prisons, la chose n'est pas impossible. Comme seigneurs d'un grand nombre de terres, possédant tous les droits de haute et basse justice sur leurs domaines, il leur fallait bien un emplacement pour renfermer les malfaiteurs de la personne desquels leurs agents devaient s'assurer. Mais je ne m'expliquerais pas le choix du désert de Tenaison pour cet effet, quoique l'étymologie du mot rende la chose probable. A vingt pas de ces ruines, on rencontre une maison assez vaste et solidement construite en belles pierres de taille. Devenue la propriété de l'Etat, le droit d'y habiter avait été concédé par l'administration des eaux et forêts à des bûcherons qui ont laissé le feu s'y mettre, il y a deux ans. Les murs seuls ont survécu au désastre.

Après ces ruines, que le voyageur s'étonne

de rencontrer dans ce lieu si désert, le chemin commence à monter au milieu des plus beaux bois qu'il soit possible de voir. La terre est couverte de mousse, de feuilles et même de fleurs ; le sentier, assez large d'abord, finit par se rétrécir peu à peu et s'efface ensuite presque entièrement. Des rochers tout à fait pittoresques s'élèvent à droite et à gauche, des sapins et des fayards en tapissent les parois. Bientôt la montée devient plus rapide ; on a pratiqué, pour la rendre moins pénible, divers contours que le guide sait très-bien reconnaître et indiquer, quoiqu'ils soient à peu près invisibles. C'est par là que passaient autrefois les mulets et les troupeaux des Chartreux, quand ceux-ci venaient dans leurs prairies et leurs bois de Tenaison. Le col de la Cochette est situé sur le revers de la montagne de Charmanson, dans une fente ou petite coche du grand rocher principal. On a écrit que le passage de ce col était d'un accès difficile et même dangereux. Je ne sais qui a pu faire voir des dangers dans ces bois : il est certain qu'on peut se laisser tomber partout, même dans sa chambre ; mais ce que je puis affirmer, c'est que, sauf un peu de fatigue, et encore n'est-elle pas de longue durée, rien n'est plus aisé et moins dangereux que ce délicieux petit sentier au milieu de ces admirables ombrages. Il y a cent fois plus de dangers pour faire l'ascension du Grand-Som, du Grand-Frou, des sources du Guiers, et cependant on n'a jamais entendu dire qu'un accident y soit arrivé.

Au sommet de la Cochette, le guide invite le voyageur à quitter le sentier et à monter à gauche sur une petite aiguille de rochers couverte d'arbres. Là, le chemin n'est plus facile, c'est vrai, ou plutôt il n'y a pas de sentier. Il faut escalader de gros blocs entassés, s'accrocher aux pierres, aux arbres, aux herbes; il y a surtout un endroit où le passage semble barré; on dirait vraiment impossible d'aller plus loin. Avec un peu d'audace et de sang-froid on le peut cependant. Mais ensuite on est bien dédommagé de sa peine. Du haut de cette espèce d'observatoire, on jouit d'une vue magnifique. C'est d'abord, tout à fait au bas, le bourg de St-Laurent du Pont, puis la plaine qui s'étend vers les Echelles, la route qui la traverse, une multitude de hameaux épars sur le flanc des coteaux ; enfin, les montagnes de la Savoie dans le fond. Cette échappée de vue, quand on a marché si longtemps dans les bois, a quelque chose d'imprévu et de charmant. On distingue aussi les bois de Fourvoirie, l'entrée du désert et le prolongement de l'étroite vallée où serpente le Guiers-Mort et que suit le chemin qui conduit au couvent. Assis au pied d'un sapin qui couronne cette petite crête, au milieu d'une touffe épaisse de rhododendrons, on contemple longtemps cette vue et l'on oublie la fatigue que l'on a bravée pour y parvenir. Mais le temps passe, il faut redescendre. Les mêmes précautions sont nécessaires pour surmonter les obstacles que la nature s'est plu à accumuler dans ce petit passage. Avec de la prudence et en allant doucement, on en vient aisément à bout. Cependant je ne conseillerais pas à des femmes ou à des hommes âgés de tenter cette courte ascension.

Arrivé sur l'étroit plateau qui surmonte la Cochette, on reprend son bagage que l'on y avait déposé pour gravir la petite aiguille de rochers, et l'on commence une longue descente, toujours au milieu des bois et à l'ombre.

Çà et là on rencontre, dans un ravin, ou à l'abri d'une roche, un lit de feuilles récemment foulé; c'est la couche des douaniers qui y passent la nuit à la belle étoile, enveloppés de leurs manteaux, pour guetter les contrebandiers. Dans les splendides nuits de l'été, ces factions en plein air n'ont rien de bien dur; mais au printemps et à l'automne, quand l'air est froid, la terre couverte des dernières ou des premières neiges, il faut plaindre ces hommes si braves et si esclaves de leur devoir.

Les bois de Tenaison et de la Cochette sont peuplés de chamois. Malheureusement, dans les forêts de l'État, la chasse est défendue en tout temps, ce qui n'arrête nullement les hardis chasseurs. Seulement, il leur faut guetter les gardes autant que les chamois; il leur faut attendre souvent une journée entière, blottis dans un creux de rocher ou au pied d'un arbre, qu'une occasion favorable se présente, puis redescendre, quelquefois après avoir perdu leur temps et leur peine, d'autres fois avec un chamois sur les épaules, écrasés par ce fardeau, évitant les sentiers frayés et tremblants au moindre bruit, de peur d'un procès-verbal. Cependant les chasseurs du pays savent parfaitement les habitudes des gardes forestiers, les jours où ils s'absentent, et rarement ils sont surpris, heureusement pour les amateurs de la chair de chamois.

Une demi-heure après avoir quitté le haut du col dont nous venons de parler, on rencontre le chalet de Malamille, au milieu d'une immense prairie. Ce chalet est très-vaste, sa partie supérieure sert à renfermer le foin, et le dessous forme une écurie pour les troupeaux. On aperçoit de là les bâtiments de la Courrerie, de l'autre côté du Guiers et, dans le lointain, le haut des clochers du couvent de la Grande-Chartreuse. On rentre ensuite dans le bois et, quelques pas plus loin, on arrive au bord d'un charmant ruisseau dont l'eau est d'une fraîcheur délicieuse. C'est le ruisseau de Malamille. Là on s'assied à l'ombre, au bord du courant et l'on dîne. Il est deux heures ; le déjeuner de Pomaré est oublié depuis longtemps. On se repose avec délices, on étale sur la mousse et les pierres les provisions du carnier, on débouche sa gourde, dont la bonne liqueur ne gâtera pas l'eau glacée du ruisseau, et l'on mange gaiement ; de temps en temps on lève les yeux vers le passage que l'on vient de franchir. Tout à côté se voient la combe du Lis, un peu plus loin, celle de Montcenis et, à sa suite, la longue et énorme masse de Charmanson, où les Chartreux vont quelquefois se promener dans la belle saison et sur le sommet duquel sont des prairies immenses. Pendant que nous dinions, un charmant petit rat, presque rouge, traversa lestement le ruisseau, en sautant de pierre en pierre, et vint, on ne peut plus familièrement, trottiner à nos pieds et manger les miettes que nous laissions tomber. Ce gentil petit animal semblait tout à fait privé. Nous répondîmes à l'honorable confiance qu'il nous témoignait, en satisfaisant largement à son appétit, sans l'inquiéter le moins du monde. Quand il fut bien repu, il traversa de nouveau le ruisseau sans se presser davantage, et disparut au milieu des hautes herbes qui croissent sur son autre rive.

Après avoir dîné, on se repose encore quelque temps; il en coûte de s'arracher à ce spectacle enchanteur. Il y a je ne sais quoi dans l'air que l'on respire. dans le contentement que l'on éprouve, qui fait comprendre que la vie des anciens ermites n'était pas toujours bien malheureuse, surtout quand il faisait chaud et que les montagnes qui leur servaient de refuge étaient aussi belles que celles-ci. Mais il est un terme à tout, aussi la voix du guide vient-elle enfin vous arracher à l'espèce d'extase dans laquelle on est plongé. Il faut partir, et ce n'est pas sans une sorte de regret que l'on s'y décide.

Quand on a quitté le ruisseau de Malamille, on chemine pendant quelque temps encore dans les bois, et l'on ne tarde pas à rencontrer de nouvelles prairies, au milieu desquelles est un autre chalet. Ce sont les prés, les bois et le chalet de Vallombrée. Que le lecteur remarque ces différents noms, qui indiquent si bien le charme de ces montagnes : la Charmette, Charmanson, Vallombrée, Proveysieux, etc., etc. On traverse rapidement les pics de Vallombrée, car le soleil est ardent, même à cette hauteur, et l'on se hâte de rentrer dans les bois. Bientôt on entend les eaux du Guiers-Mort se briser contre les rochers et, en quelques minutes d'une descente rapide, on est arrivé sur ses bords. On franchit le torrent sur un vieux pont en pierre, d'une architecture on ne peut plus bizarre. C'est le pont de la Tannerie. D'où lui vient ce nom ? Y avait-il quelque établissement de tanneur sur ses bords ? La chose ne serait pas impossible. Les chartreux nourrissaient d'immenses troupeaux de bœufs et de vaches dans les pâturages de leurs montagnes ; ils fabriquaient eux-mêmes à la Courrerie les souliers dont ils avaient besoin et les chaussures grossières, mais solides, qu'ils distribuaient aux pauvres. Dès-lors, il n'y aurait eu rien que de très-naturel dans l'établissement, près de la Courrerie, d'une tannerie pour préparer le cuir nécessaire à la confection de ces chaussures. Le fait est qu'une belle prise d'eau existe à quelques pas de ce pont ; elle forme une charmante cascade qui a fourni un remarquable sujet d'étude à plus d'un peintre. A la suite de cette prise d'eau, on voit encore des débris de conduits en bois qui amenaient l'eau à des ruines situées à cent pas du pont, et qui sont évidemment les restes d'une usine. Qu'y fabriquait-on ? Nul ne le sait ; le nom seu du pont, comme je l'ai dit, pourrait l'expliquer. Cette longue vallée que suit le Guiers est admirablement accidentée. Du haut du pont, construit en dos d'âne et placé presque de biais sur le torrent, on suit avec plaisir ses eaux limpides et ses flots d'écume.

Bientôt commence

> Un long chemin montant, poussiéreux, malaisé,
> Et de tous les côtés au soleil exposé.

On l'a surnommé le chemin de la Corde, et ce n'est pas sans raison, car il faut bien tirer ses jambes pour le gravir. La chaleur est brûlante et on la sent d'autant mieux, qu'on a cheminé jusqu'ici presque constamment sous les ombrages les plus frais et les plus agréables. Cependant, nécessité fait loi ; il faut avancer. On ne tarde pas à rencontrer trois jolies petites maisons toutes neuves, construites sur le même plan, entourées chacune d'un modeste jardin et placées sur une élévation au pied de laquelle coulent les eaux du Guiers. Comme ces bâtiments n'étaient pas achevés intérieurement et qu'ils étaient par conséquent inhabités, nous ne pûmes que présumer qu'ils avaient été construits par l'administration des eaux et forêts pour y loger des gardes forestiers. On reprend, au-dessus de ces habitations, le chemin que l'on avait quitté pour s'en approcher et qui fait un contour à gauche; puis, sans cesser d'être au soleil, on se dirige vers la Courrerie.

Après une demi-heure, qui ressemble à un siècle, on atteint enfin ses vieux bâtiments, son humble cimetière et l'énorme tilleul qui l'ombrage. On se croit sauvé; hélas! encore un espoir déçu. De la Courrerie au couvent, il faut une demi-heure, et toujours au soleil. Pas d'ombre, deux haies bien modestes longent le chemin. Cependant, à moitié de la distance, une énorme pierre s'élève à gauche; une croix de fer la surmonte, un bénitier vide a été taillé dans son épaisseur. A l'ombre de cette croix, on s'arrête un instant pour reprendre haleine et trouver un peu de fraîcheur; puis on repart, et un dernier effort amène au pied des murs du couvent, vers quatre heures environ.

Nous ne répèterons pas ici ce que nous avons dit précédemment sur les précautions à prendre pour se garantir d'un refroidissement. Il est quatre heures, on a dîné à deux, on a du temps devant soi pour se reposer, visiter le couvent et ses environs : que le voyageur le mette à profit. On peut congédier son guide, après lui avoir cependant offert un petit verre de liqueur verte qu'il ne refusera pas et lui avoir payé, en outre du prix convenu, un léger supplément qu'il aura bien gagné par la peine qu'il a eue et la complaisance qu'il a montrée.

—

Ici se termine l'œuvre que nous avons entreprise. Nous avons fait tout ce qui dépendait de nous pour ne commettre ni erreurs, ni oublis. Mais qui peut répondre de ne jamais se tromper ! Que le lecteur du moins nous tienne compte de notre bonne volonté ! Deux des routes qui conduisent à la Grande-Chartreuse, celle qui passe par le Grand-Frou et St-Pierre-d'Entremont, et celle qui traverse les bois de la Charmette et le col de la Cochette, avaient été indiquées, mais n'avaient jamais été décrites ; ce sont cependant les plus pittoresques, les plus accidentées. Puissent ces quelques pages, en décidant les touristes à fuir les sentiers trop battus pour reporter leur admiration sur des sites qui la méritent à tous égards, les avoir tirées de l'oubli et avoir reporté sur elles une partie de la préférence que les autres s'étaient jusqu'ici exclusivement attribuée à leur préjudice! Heureux serons-nous si, au plaisir qu'éprouve alors le voyageur, se mêle une pensée pour l'écrivain qui le lui aura procuré!

FIN.

TABLE.

De la gare de Grenoble à la Grande-Chartreuse,

Par la route du Sappey.

Gare de Grenoble. Plaine du Graisivaudan. Aspect général qui, de la gare, s'offre aux regards. Promenade du Cours. Pont de Claix. Porte Créqui, ou de la Graille, ou de l'Aiguier. Grenoble. Départ de Grenoble. Pont de Pierre. La Perrière. Fontaine du Lion. Chalemont. Couvent de Sainte-Ursule. Rue, église et crypte de Saint-Laurent. La Tronche et Saint-Ferjus. Filature de M. Buisson. Le Gorget. Les Combettes. Vue du haut des Combettes. Montfleury. Bouquéron. Château d'Arvilliers. Eglise de Corenc. Chantemerle. Mont Saint-Eynard. La maison Pilon. L'Ecoutou. Vence. Le Bret. Le Sappey. La forêt de Portes. Chamechaude. Les Cottaves. Eglise de Saint-Hugues. Saint-Pierre de Chartreuse. Le Guiers-Mort. Le Guiers-Vif. Chapelle de Saint-Hugues et le Grand-Logis. Entrée du Désert. La Courrerie. Le couvent. Précautions à prendre en arrivant. Dîner·

Environs du couvent. Recommandations aux voyageurs. Cellules des étrangers.

Pages.............. 7 à 60

Course au Grand-Som.

Chemin à suivre en sortant du couvent. Chapelles de Sainte-Marie et de Saint-Bruno. Déjeuner près d'une source. Chalet de Bovinant. Procession. Chemin et croix du Grand-Som. Vue dont on jouit de cette hauteur. Retour au couvent. Dîner. Visite de la maison. Facilité dont on jouissait autrefois pour cela et motifs qui ont porté à la restreindre.

Epoque de la fondation du monastère de la Grande-Chartreuse. Vie de saint Bruno. Les bâtiments du couvent détruits par le feu à différentes époques. Situation de l'ordre des Chartreux en 1789. Usage qu'ils faisaient de leurs richesses. Leur dispersion en 1792. Leur retour en 1815. Leur situation actuelle. Description du monastère. Son aspect général. Porte d'entrée. Cour qui précède les grands bâtiments. Salles où sont reçus les étrangers. Grand corridor principal. La chapelle de famille. L'église. Le réfectoire. Manière de vivre des Chartreux. Cuisine. Cellules des officiers de l'ordre. Appartement du père général. Bibliothèque. Chapelle du père général. Galerie des cartes. Salle du chapitre général. Tableaux de Lesueur. Grand cloître. Cellules des pères. Cimetière. Chapelle des morts. Chapelle de Saint-Louis. Chapelle des reliques. Sacristie. Entrée du couvent interdite aux dames. Tentatives inutiles. Infirmerie. Chapelle Saint-Sauveur. Dignitaires de l'ordre des Chartreux. Le révérend père. Chapitre général. Chartreuses qui existent encore aujourd'hui. Epreuves à subir pour être admis dans l'ordre. Frères donnés et convers. Exercices des Chartreux. Messe conventuelle. Office de la nuit. Costume des Chartreux. Album et motif qui l'a fait supprimer. Quelques-unes des pensées qui s'y trouvaient. Allée derrière le couvent. Elixir et liqueurs de la Grande-Chartreuse. Boule d'acier. Le frère Jérosime. Souper. Départ le lendemain.

    Pages.............. 61 à 133

Route de la Grande-Chartreuse,
Par Voreppe, Saint-Laurent du Pont et Fourvoirie.

Voreppe. Origine de son nom. Sa situation. Couvent de Chalais. La Roize. Souvenirs historiques de Voreppe. Les Autrichiens en 1814. Eglise de Voreppe. Montée de la Placette. Hameau de Pommiers. De la Placette à Saint-Laurent du Pont. Saint-Gelin de Ratz et siège du château de la Perrière. Mort de Guigues VIII. Saint-Joseph de Rivière et son église. Saint-Laurent du Pont. Incendie de 1854. Hôtel Cadot. Poulet, guide. Chapelle au-dessus de Saint-Laurent du Pont. Vue qui s'offre aux regards du plateau sur lequel elle est située. Fourvoirie, ses usines. Porte du désert. Chartreuse de Currière. Chemin qui y conduit. Ses bâtiments, ses cellules, son avenue. Vue dont on jouit du haut de son clocher. Nouveau pont Pérant ou de Saint-Bruno. Ancien pont. Nouvelle route du pont Pérant au couvent. Fort et Pic de l'OEillette. Tunnels. Nouveau moyen de faire traverser un vallon aux pièces de bois. La croix Verte. Arrivée au couvent.

Pages............... 134 à 166

Route de la Grande-Chartreuse,

Par Voiron, Saint-Etienne de Crossey, le passage du Frou, Saint-Pierre-d'Entremont, la vallée des Meuniers et le col du Cucheron. Visite aux sources du Guiers-Vif.

Arrivée à Voiron, à 10 heures du matin. Situation de Voiron. Souvenirs historiques de cette ville. Ses monuments. Vue du haut de la rue Grenette. Coublevie. Châteaux. Couvent de Chartreusines. La Thivollière. Saint-Etienne de Crossey et ses gorges. Ossements humains découverts dans une cavité intérieure. Saint-Joseph de Rivière. Saint-Laurent du Pont. Départ, le lendemain matin, à 4 heures et demie. Commune d'Entre-deux-Guiers. Hameaux de Vilette, de Berlan. Commune de Saint-Christophe. Divers hameaux. Montagne et cascade de Corbel, en Savoie. Petit Frou. Grand Frou. Nouveau chemin. Caractère des habitants de ces montagnes. Hameau et pont de Brigoud. Restes de l'ancienne route. Hameaux de Planet et de Cerne. Fontaine Noire. Pont de Noirfond. Roche de Buis. Village de Saint-Pierre-d'Entremont. Son église. Ses auberges. Visite à son château. Vue que l'on a de cette hauteur. Second guide à prendre pour parvenir aux sources du Guiers-Vif. Village de Saint-Mesme. Montée rapide pour atteindre à l'ouverture des grottes. Précautions nécessaires avant de s'enfoncer sous ces voûtes. Echelle d'un nouveau genre. Description des souterrains. Stalactites. Retour par le Chenevé, la vallée des Meuniers et le col du Cucheron. Divers hameaux répandus sur le versant des montagnes. Chaîne du Grand-Som. Eglise des Meuniers. Saint-Pierre de Chartreuse. Son église. Sources du Guiers-Mort. Trou du Glas. Entrée du désert. Courrerie. Couvent.

Pages.............. 167 à 203

Route de la Grande-Chartreuse,

Par Saint-Egrève, Proveyzieux, les prairies de la Charmette, Tenaison, le col de la Cochette et les prés de Vallombrée.

Gare de Saint-Robert. Asile d'aliénés de Saint-Robert. Sa fondation, ses diverses destinations, son nouvel accroissement. Le docteur Evrat. Le guide Sestier. Ancienne ferme-école. Saint-Egrève. Le chemin de la Monta. Montagnes de la Roche et de Chalve, de la Pinéa, de l'Aiguillette et du Casque de Néron. Vue de la plaine. Le Sappey et Saint-Martin de Cornillon. Proveysieux, origine de son nom. Son église. Pont du Gua, discussion à son sujet. Pomaré, son auberge. La glacière. Chemin de la Charmette. Croix de la Charmette. Prétendus trésors des Chartreux. Détails sur le renvoi des Chartreux de leur couvent, en octobre 1792. Le père dom Procureur et son petit trésor. Les Fourneaux. Les prés Bastard. La montagne de Génieu. Chalet de la Charmette. Gardes forestiers. Chemin de Vivet. Tenaison. Réservoir des Chartreux. Pépinières de sapins. Prétendue prison des anciens Chartreux. Maison incendiée. Col de la Cochette. Vue du haut d'une aiguille de rocher située à gauche du sentier. Douaniers. Chamois. Magnifiques forêts. Chalet et ruisseau de Malamille. Déjeuner. Charmanson. Combes du Lis et de Moncenis. Chalet, bois et prairies de Vallombrée. Pont de la Tannerie. Débris d'usines. Cascade du Guiers. Chemin de la Corde. Maisons des gardes. Courrerie. Couvent.

Pages..... 206 à 241

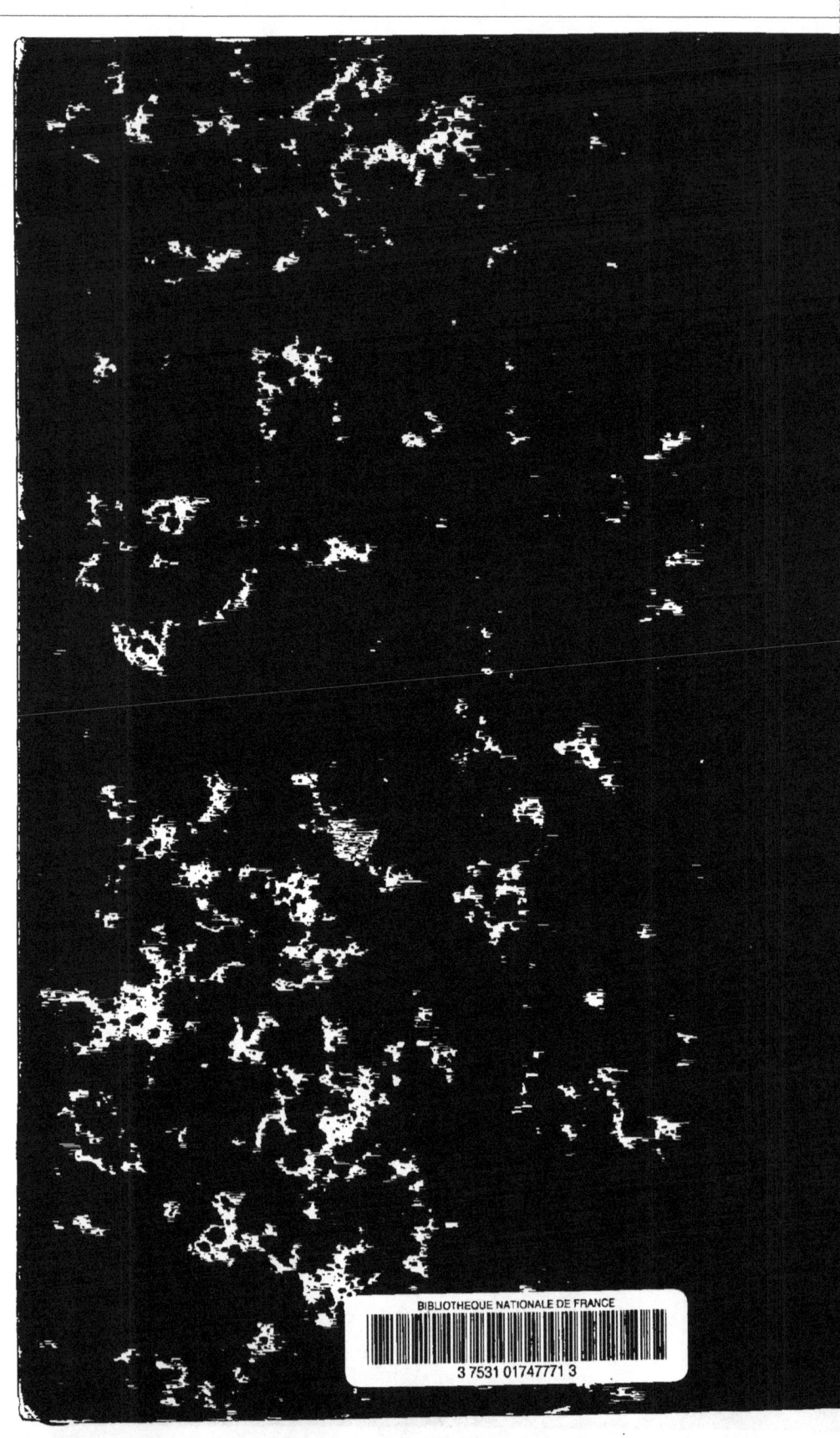

www.ingramcontent.com/pod-product-compliance
Lightning Source LLC
Chambersburg PA
CBHW070625170426
43200CB00010B/1919